Carl Günterodt

Kirchenchronik auf das Jahr 1784

Carl Günterodt

Kirchenchronik auf das Jahr 1784

ISBN/EAN: 9783743339774

Hergestellt in Europa, USA, Kanada, Australien, Japan

Cover: Foto ©ninafisch / pixelio.de

Manufactured and distributed by brebook publishing software
(www.brebook.com)

Carl Günterodt

Kirchenchronik auf das Jahr 1784

Kirchenkronik

auf das Jahr

1784.

Bey der typographischen Gesellschaft zu Kempten
und auf allen Postämtern zu haben.

Ankündigung.

Unter diesem Titel erscheint wöchentlich ein Extrablat von einem halben Bogen, welches dem Publikum die neuesten und abentheurlichsten Kirchenanekdoten, deren es in unsern aufgeklärten Tagen noch so viele giebt, bekannt machen wird. — Sie waren eigentlich für das Zeitungsblat der Weltbürger bestimmt, welches noch immer mit so vielem Beyfall gelesen wird; allein da es unter den Lesern desselben noch so viele schwache Mägen giebt, die nicht alle starke Speisen verdauen können, so wollen wir sie lieber von den übrigen Weltbegebenheiten absondern, und als Nachtisch zur heilsamen Erschütterung des Zwerchfells dem geschmackvollern Gaumen heiterer Männer aufsetzen, als sie ganz unterdrücken. — Wer sie als Bruchstücke der Kirchen- und Religionsgeschichte unsers Zeitalters ansehen will, wird sie immer der Aufmerksamkeit würdig finden: — denn, wenn es eine der rühmlichsten Absichten der Schaubühne ist, das Laster, und die Thorheiten der Welt durch auffallende Vorstellungen dem Spott und Hohngelächter zahlreicher Zuschauer auszusetzen, damit die Menschen dadurch gebessert werden, so muß es ein eben so rühmliches Unternehmen zum Besten der Religion seyn, die bey aller Aufklärung hie und da noch herrschenden häufigen Vorurtheile, Mißbräuche und Aberglauben durch öffentliche Bekanntmachung dem aufgeklärtern Theil des Menschengeschlechts zum Auspfeiffen Preis zu geben, und dadurch ihre Erscheinung nach und nach seltener zu machen.

Wer der ächten Religion spottet, ist ein Verräther des Vaterlands, ein Feind des Fürsten und ein Störer der öffentlichen Ruhe: — wer aber Mißbräuche lächerlich macht, verwahrt seine Brüder gegen Irrthum und leistet dem Vaterland, dem Fürsten und der Gesellschaft die wichtigsten Dienste.

Sollte uns also jemand fragen, welche eigentlich die Absicht dieser Blätter sey, so findet er sie in diesen wenigen Worten: — Nicht die Religion, sondern ihre Mißbräuche lächerlich zu machen.

Viele christlichen Staaten sind troß aller angewandten Mühe gutdenkender Fürsten, noch zu voll des mönchischen Unraths und der kirchlichen Marktschreyereyen, als daß die weisesten Verordnungen dieser Erdegötter im Stand gewesen wären, diesen Stall des Augias, wie Herkules zu säubern: — die Ketten der alten Vorurtheile halten gewiße Völker noch zu fest geschlossen: — die fürchterliche Finsternis einer noch nicht ganz zerstreuten Barbarey ist noch zu dick; — und vielen liegt das eiserne Joch des Kirchendespotismus noch zu schwer auf dem Nacken, als daß sie ihr Haupt emporheben und die wohlthätigen Stralen des rings um sie her eindringenden Lichts mit offenen Augen ertragen könnten: diese Elende zu heilen, würde eine Riesenarbeit seyn; aber ihre bejammernswürdige Lage dem gesündern Theil zum schröckenden Beyspiel vorstellen, heißt sie der Welt noch nützlich machen.

Aus diesem Gesichtspunkt betrachtet, dürften diese Blätter für unsre Leser eben so nützlich, als unterhaltend seyn. —

     *   *
      *

Diese **K r o n i k** wird wöchentlich der Montagszeitung als ein Extrablatt beygelegt. — Der Liebhaber, der es behält, zahlt jährlich, wenn er ohnehin unsre Zeitung hält fl. 1. — weiter, — wer aber diese letztere nicht liest fl. 1. 30. — Um diesen Jahrgang zu ergänzen, werden wir nach Zeit und Umständen einen halben Bogen weiter liefern.

Diejenigen Leser unsrer Zeitung — welche dieses Extrablatt nicht verlangen — dürfen das erste Blatt nur an das Postamt, bey dem sie ihre Zeitungen erhalten, wieder zurück schicken — damit diese die eigentliche Anzahl der Liebhaber an das Verlagskomtoir einberichten können. —

Kirchenkronik

auf das Jahr 1784.

No _1._

Den 4. April.

Nachtrag zum vorigen Jahr 1783.

Die Kapuziner zu Wien haben zu Anfang des Schuljahrs den Erzbischof Migazzi gebeten, er möchte ihnen barmherziglich erlauben, Schuhe, Strümpfe und Beinkleider zu tragen, weil sie zweymal des Tags bey so grimmiger Kälte einen so weiten Weeg in die Universität gehen müßten, aber umsonst. Strümpfe hat ihnen der gepurperte Kirchenprälat erlaubt, aber weder Schuhe noch Beinkleider. — Aufgeklärte Welt! hier lasse einen tiefen fahren. —

Eben dieser Erzbischof hat zu Anfang des verflossenen Decembers ein Dekret an alle Klöster ergehen lassen, daß die jungen Ordensgeistliche, welche in die Universität gehen, sich nicht unterstehen sollen, einen Umgang mit weltlichen Leuten zu pflegen, damit sie nicht von dem Hauch der bösen Welt angesteckt werden, und etwa gar das Faulfieber bekämen. — Ich weiß aber nicht, ob nicht die sogenannte gottlose Welt mehr Aergerniß von der geistlichen Welt, als diese von jener hat ertragen müssen. — Die

Kirchengeschichte und tägliche Erfahrung geben uns
die geistliche Welt ganz deutlich zu erkennen. —

Se. Eminenz H. Cardinal Migazzi werden mit
nächstem einen Hirtenbrief herausgeben, um gewissen
Witzlingen, die ihn im Namen der wienerischen
Gemeinde zum öftern herausgefordert haben, das
Maul zu stopfen. Dieser Hirtenbrief soll in vielen
Stücken mit dem Hirtenbrief des Erzbischofs von
Salzburg übereinstimmen; doch werden Se. Emi=
nenz des Eides, welchen sie als Cardinal dem rö=
mischen Bischof, Gott zu lieb, abgelegt haben,
dabey nicht vergessen. Dieser heißt zu teutsch so.

„ Ich Cardinal Migazzi will von nun an und
„ jederzeit gehorsam und getreu seyn dem heiligen
„ Petrus, der apostolischrömischen Kirche, unserm
„ Herrn Herrn Clemens XIII, und seinen recht=
„ mäßigen Nachfolgern. Ich will nicht seyn in
„ einem solchen Rath, Beyfall, Handlung oder
„ Thun, dadurch sie das Leben oder ein Glied
„ verlieren möchten, oder was wider eines der=
„ selben Person, oder ihrer Kirchen, oder der
„ Autorität des apostolischen Stuhls, Ehre,
„ Privilegien, Reservationen, Anstalten oder
„ Befehle — Schaden, Vorgrif, Practiken
„ oder Zusammenrottungen gereichet. Und
„ wann und wie oft ich wissen werde, daß et=
„ was solches gehandelt würde, so will ich es
„ nach Vermögen verhindern, und so geschickt
„ es seyn kann, benanntem unserm Herrn oder
„ einem andern, durch welchen es für ihn kom=

„ men kann, anzeigen: Die Anschläge, die Sie
„ mir vertrauen wollen, entweder selbst, oder
„ durch Bottschaft, oder auch schriftlich, will
„ ich zu ihrem Schaden niemand offenbaren. —
„ Zur Schützung und Erhaltung des römischen
„ Pabstthums, und der Regalia des H. Pe-
„ trus will ich wider jedermann verhülflich
„ seyn — Ihre Autorität, Privilegien und
„ Rechte, so viel an mir ist, eher vermehren
„ und befördern, dergleichen Statuten, Ord-
„ nungen, Reservationen, Anstalten und Be-
„ fehle halten, und darauf Achtung haben. —
„ Die Gesandten des apostolischen Stuhls in
„ Ehren halten, und ihnen in ihren Nöthen
„ helffen. — Die Ketzer und Schißmatiker und
„ welche einem von unsern Herrn, oder dessen be-
„ sagten Nachfolgern sich widersetzen, will ich
„ nach Vermögen verfolgen und niederfechten.
„ So wahr mir Gott helffe, und dieß sein heilig
„ Evangelium. „

Diese H. Eidesformel war dem Luther, (wie
die Reformationsgeschichte des Ludwigs Secken-
dorf S. 283. bezeugt) ein Dorn im Auge, ja er
wollte aus dieser Ursache dem Kirchenrath zu
Trient nicht beywohnen, mit Vermelden: Jeder
christliche Leser solle von selbst urtheilen,
was gutes von einem Concilium zu hoffen
sey, worin lauter Doctoren, die mit diesem
Eid belegt sind, disputiren, solche Nota-
rien die Acten ausfertigen, und solche B-

schöfe und Cardinäle richten, und Schlüsse
machen! — Allein Luther war kein Cardinal,
ja nicht einmal Protonotarius Apostolicus.

Nach einem Edict des Königs von Neapel
unterm 20ten December muß ein vollständiges Ver-
zeichniß von allen Bettelmönchen Franz'ordens,
als da sind die Observanten die Reformaten,
Piquepucci, Kapuziner und Alkantriner nebst
eines jeden Namen, Alter ꝛc. eingeliefert werden.
Mit nächstem wird man sie gar abwägen, und da
wird wohl der seraphische franziskaner Speck das
Obergewicht behalten.

Die in Mayland, Gott Lob aufgehobenen
trinitarier Mönchen erhalten zu ihrem Unterhalt,
der Superior 600 Lire, die Priester 500, die Layen-
brüder 250. — Diese lieben Geistlichen werden künftighin an ihren Ordensfesttägen nicht mehr so ge-
wichtig einhergehen. — Doch Pension genug für
diese Tagdiebe.

Kaiserliche Verordnungen gedruckt.

Der zweyte Theil der Verordnungen in publico
Ecclesiasticis hat nun die von tratnerische Presse
verlassen. Das Publikum kann daraus sehen,
wie viele Neckerey dem guten Kaiser das Mönchswesen verursacht.

Folgen derselben

Die Stubenmädchen zu Wien sind gar nicht
zufrieden, daß die nächtlichen Andachtsübungen

abgeschaft werden. — Beten ist eben die Sache
dieser Töchtern nicht; dafür wußten sie mit diesen
Andachtsübungen gar vielerley zu vergesellschaf=
ten, z. B. Bestellungen, Caravanen, und manche-
Verdienste zu machen, auf welche sie sich anitzt
härter hinaufarbeiten. — Sie wollen eben auch
leben!

Wir hoffen zu Gott, daß die Väter Kapuziner,
nachdem sie jetzt auf den Universitäten normalmä=
ßig unterrichtet werden, vernünftiger denken,
und künftig auch, Gott zu lieb, besser predigen
werden. Es ist nicht auszuhalten, was diese Leute
manchesmal daherplaudern. Ich kann noch immer
eine Predigt nicht vergessen, die ich von einem
Kapuziner zu Bruneggen in Tyrol im Jahr 1776
am zweyten Sonntag im September gehört habe.
Das Thema ware: patientiam habe in me,
trage mit mir Geduld. Er predigte von der
Langmüthigkeit Gottes gegen die Sünder, und
sagte endlich: Liebste Christen! ich kann euch
die Langmüthigkeit Gottes nicht begreifli=
cher machen, als in einer Gleichnis. Setzen
wir, daß das ganze Getreid von Tyrol mein
wäre: dieses Getreid lasse ich nun auf ein=
mal mahlen, betrachtet die entsetzliche Last
Mehl! Aus diesem Mehl lasse ich nun eine
Nudl machen, betrachtet die Länge und
Dicke dieser Nudl! und doch ist diese Nudl
nichts gegen der Langmüthigkeit Gottes! —
recht hübsch!

Nonnendispensationen und Kröpfe.

Die Bischöfe dürfen sich nicht sehr die Köpfe zerbrechen, ob es ihnen zustehe, die aufgehobenen Nonnen von dem Gelübde der Keuschheit zu dispensiren? Denn, da die meisten Kröpfe, und manche noch ein paar Leviten darneben haben, werden sich die Liebhaber nicht besonders bewerben, eine solche kropfichte Figur in ihr Haus zu bringen. Manche Exnonnen verlangen auch nicht einmal dispensirt zu werden, sondern begnügen sich mit ihren lieben Beichtvätern, die ihnen manchen Trost einflößen. — Von diesen geistlichen Tröstungen wäre vieles zu reden. —

Gerücht von einer Klosterverwandlung.

Die Jacobinerinnen in Wien werden mit nächstem ihren so lang erwünschten Austritt nehmen. Sie verlassen viele wächserne Jesuskindlein, aber unendlich lieber ihr geistliches Glashaus, in welchem ihnen so heiß war, daß sie Ananas hätten zur Welt bringen können. Die Mutter Vikarin wird man wie ehevor die Jungfer Mariaurserl heißen, und die Beichtväter oder geistliche G****r mögen nun ein bischen ausruhen. — Besagtes Kloster soll nach gemeinem Gerücht in ein B****l metamorphosirt werden, und die Inschrift desselben dürfte unmaßgeblich so ausfallen:

Tägliches Portiuncula,
oder
Toties Quoties
für
die Menschheit.

Geweihte Rosen und Agnus Dei.

Am 10 Jenner haben Se. päbstl. Heiligkeit der Herzogin von Parma K. H. mit einer geweihten goldenen Rose ein Geschenk gemacht. Diese Rose pflegten die Päbste am Lätaresonntag in der Fasten zu weihen, und mit Balsam gefüllt an die Höfe zu verschicken, von welchen sie ein ungeweihtes Gold dafür bekamen. Urban der V. hat die erste Rose der Königin von Neapel Johanna zugeschickt, welche hoffentlich nicht unerkenntlich gewesen seyn wird. Bey so verderbten Zeiten, in welchen wir anitzt leben, da man nicht begreifen kann, wie das Gold oder Balsam die H. Weihen empfangen könne, lohnt es nicht mehr der Mühe, die Postkosten dieser Rose zu bezahlen. — Die Schachtel voll Agnus Dei, welche Se. Heiligkeit ebenfalls höchstgedachter Herzogin zu ihrem Seelenheil verehrt haben, mag wohl eine Verlassenschaft Clemens XIII. gewesen seyn, denn Ganganelli gab sich mit diesen Sachen nicht ab. —

Diese Agnus Dei hatten vor Zeiten, da es noch Hexen gab, eine erstaunliche Kraft zu Wasser und zu Land, wie wir aus dem Guilielmus Burcus ersehen, welcher in Vita Urbani V. pag. 176. folgende Verse anführt, welche Pabst Urban selbst verfertiget haben solle.

Balsamus & cera munda cum chrismatis unda
Conficiunt agnum, quod munus do tibi magnum,
Fonte velut natum per mystica significatum,
Fulgura desursum depellit, & omne malignum

Peccatum frangit, ceu Christi corpus, & angit.
Prægnans servatur simul & partus properatur:
Donaque fert dignis, virtutem destruit ignis,
Portantes munde de fluctibus eripit undæ.

Man könnte allenfalls Bedenken tragen, ob
wohl diese wächsernen Dinger so große Wunderkraft
haben; allein, weil es ein Pabst, der untrüglich
ist, sagt, hat es seine vollständige Richtigkeit.
Diese Agnus Dei, wie schon gemeldet, machten
vor Zeiten viel Lärmen in der Welt. Ich selbst ge=
traute mir in meiner Jugend nicht, so ein rundes
Ding mit bloßen Händen anzurühren; allein zu
der Zeit an, daß die Luftkugel zu Paris herumfliegt,
hat es ein merkliches von seinem Werth verloren.

Der Bischof zu Brixen hat nach dem Beyspiel
des Kaisers die Klarisserinen in seinem Kirchsprengel
aufheben wollen; aber der Domher Graf von
Brandis hat auch da seinen bekannten Religions=
eifer blicken lassen, und für diese seraphischen Jung=
fern sein mächtiges Vorwort eingelegt. Sie ver=
bleiben demnach zum Nußen des Staats, und
fressen immer von Oehl, damit keine aus ihnen,
sofern sie aus Desperation in den vorbeyrinnenden
Fluß springen sollte, versinken könne.

Die Vergeltsgott, welche der Kaiser von den
aufgehobenen Nonnen bekömmt, sind so wenig,
als die Abläsfe zu zählen. Die Asceten sagen uns,
daß ein Mensch, welcher eine arme Seele aus
dem Fegfeuer erlöset, unmöglich verdammt werden

könne, weil die arme Seele nicht aufhört, Gott zu bitten, bis er in Himmel kömmt. Wie viel mehr kann der Kaiser seines Heils versichert seyn, welcher so viele arme Seelen und Leiber aus dem Fegfeuer ihres geistlichen Bachofens erlöset hat.

Chorläuten abgestellt.

Die Erzherzogin Elisabeth zu Inspruck hat den Vätern Franziskanern, ihren lieben Nachbars-leuten das nächtliche Zusammenläuten der Glocken verbotten, mit dem Vermelden, daß, wenn sie zu Nachts nicht schlafen wollen oder können, sie we-nigstens andere Leute in der nothwendigen Ruhe nicht stören sollen. Es mag diese Verordnung auch ihre Staatsabsicht haben; denn, da die Stadt in der Frühe und bey Abendsdämmerung sattsam be-völkert wird, scheint es ganz überflüßig, die schon ruhenden Körper mit Zusammenläutung aller Glocken in Bewegung zu bringen.

Zu Botzen ist den 28. Febr. ein Esel in das Capuzinerkloster hinein gesprungen. Der Portner jagte ihn sogleich heraus, aber ein Durchreisender, der es sahe, sagte zu seinem Freund: in propria venit, & sui eum non receperunt. Er ist in sein Eigenthum gekommen, und die sei-nigen haben ihn nicht angenommen.

Da wir gerade von einem Esel und Capuziner handeln, müssen wir eine merkwürdige Geschichte, die sich im verflossenen Jahr zugetragen, und ja dem Publikum nicht länger verschwiegen bleiben darf, erzählen. Zehen Capuzinerclerici zu Laybach wurden im Jenner 1783. von dem berühmten Professor Lenaz im theologischen Fache geprüft, und da sie zur Zeit der Prüfung wie masquirte Paßauertölpel dastanden, entwitschte dem Hr. Professor ein Magenwind, welcher den Wiederhall von sich gab: vos barbati asini. Ihr gebartete Esel! — Diese ewige Wahrheit war für diese demüthigen Franzenssöhne eine unausstehliche Sache. Sie eilten sogleich nach Haus, und des andern Tags in der Frühe, nach Cilli in ein anderes Kloster ihres Ordens, welches in der görzischen Diöceß liegt. Der Cursor des würdigsten Fürstbischofs von Laybach eilte ihnen stracks auf dem Fuß nach, gab ihnen ein bischöfliches Decret, kraft welchem diesen Flüchtlingen aufgetragen ward, sogleich in ihr Kloster zurückzukehren. Allein sie eröffneten dieses Breve nicht, bis sie im görzischen Kirchensprengel waren, sodann aber sagten sie zum Cursor: Der Bischof von Laybach hätte ihnen nichts zu befehlen. Fast auf diese Art schrieb einsmals der Pabst Gregor II. dem orientalischen Kaiser Leo: si minas mihi intentas, secedet in Campaniam romanus Pontifex, tum vade & ventos persequere. Wenn du mir drohest, darf ich nur nach Campanien gehen, sodann kannst du mich 2c. Wer hätte so eine Antwort, die nur einem römischen Pabst zustehet, von so lausigen Bettlern erwartet?

Kirchenkronik

auf das Jahr 1784.

N⁰ 2.

Den 12. April.

Ueber die Fasten.
Wien.

Bald erleben wir es, daß man am Samstag Fleisch essen darf. Wir haben davon zuverläß= liche Nachrichten. Es war betrübt genug, daß man so viele Jahre den Stockfisch um das baare Geld hat kaufen müssen, da wir doch so viele Stockfische im Lande haben. Die Dänen haben dabey diesen Vortheil, daß sie hinfüro den Ver= lust eines mit Stockfischen beladenen Schiffes leich= ter ertragen: die Römer aber gleichwohl sehen, wie sie ihre Hering an Fleischtagen anbringen. Die lieben Schwarzkutler haben uns genug ge= täuscht, da sie uns vorgeschwälbelt haben, daß die 40tägige Fasten ein apostolisches Gesetz sey. Wie konnten die Apostel so ein Gesetz machen, nachdem Christus zu ihnen gesagt: esset, was man euch aufsetzet: was zum Mund hin= ein gehet, beflecket den Menschen nicht? Sie würden die christliche Religion hübsch beför= dert haben, wenn sie den unbekehrten Heiden, die an das Fleisch gewöhnt waren, aufgedrungen

b   hät=

hätten 40 Tage nacheinander Stockfische, Schnecken und Mehlspatzen zu essen, und so ferne sie nicht wollten, oder konnten, sich um einen Dukaten dispensiren zu lassen. — Der Landpfleger Plinius bezeuget in seiner Schutzschrift, die er an den Kaiser Trojan wegen der Christen geschrieben, daß die Christen keine besondere Gebräuche hätten, ausserdem, daß sie bey Aufgang der Sonne in einem Haus zusammen kommen, um alda ihr Gebet zu verrichten. Probe genug für uns. — Die ersten Christen fasteten zwar streng; aber nach dem Gebrauch der Juden, das ist, sie aßen nichts bis zur Vesperzeit, und dieses nur aus eigenem Antrieb, nicht aus Zwang oder Gebot der Kirche, denn die Kirche pflegte in den ersten Jahrhunderten keine Gebote unter einer Sünde aufzulegen. Inzwischen wollten die Päbste viele Sünden haben, und machten viele Gebote. Die Ursache dieses Fastengebots ist ebenfalls gar nicht triftig. Es heißt: nach dem Beyspiel Christi, und zur Bezähmung des Fleisches. Allein Christus hatte nach Zeugniß des H. Augustin die cörperliche Leidenschaften und Bedürfnisse in seiner Gewalt. Es hungerte ihn und dürstete ihn nie, als wenn es ihm beliebte. Sobald wir auch dieses Privilegium haben, wollen wir nicht nur 40, sondern 400 Tage nacheinander fasten. Was die Zähmung des Fleisches anbelangt, lehrt uns leider die tägliche Erfahrung, daß die heil. Fasten

ihr

ihr Ziel und Ende nicht allerdings erreiche, sondern vielmehr, daß die Fische und Eyerspeisen das Fleisch erhitzen, und ganz entsetzlich rebellisch machen, wie uns die ehrwürdigen Väter Paulaner und ungestrümpfte Carmeliten, die das ganze Jahr Fastenspeisen genießen, zuverläßig versichern, und auch aus dem sattsam erhellet, daß man in ganz Europa den Canarienvögeln, wenn sie in der Brut sind, Eyer und Magensaamen, das ist, Fastenspeisen zu essen giebt.

Noch eine kleine Anekdote mag nicht übel stehen. Sie ist nicht erdichtet, sondern aus einem griechischen Philosophen genommen. Die Königin Cleopatra, jener berühmte Hausgötze des römischen Bürgermeisters Antons begehrte von ihrem Leibarzt, er solle ihr ein Getränk verordnen, durch welches sie, gleichsam durch einen präparirten Weinstein unvergleichlich zubereitet wurde, den ankommenden Bürgermeister mit all erdenklichen Contento bedienen zu können. Der Leibarzt bringt ihr ein Getränk, und was war es? ein Consummat von lauter Fischen und Erdgewächsen. Recht so! und dieses Gezeuge müssen wir zur Bezähmung des Fleisches essen. Glück zu.

Zu Mayland pflegten die Cavalier der römischen Curie eine gewiße Summa Geld zur Erlösung der Gefangenen im gelobten Land zu geben, worfür sie von der 40tägigen Fasten gänzlich dispensirt wurden, als wenn niemals eine gewesen wäre. Itzt fürchten wir, möchte dieses Ding nicht

mehr

mehr angehen, nachdem der Kaiser verbotten hat,
die Dispensationen von Rom zu kaufen.

Ostermontägliche Beschäftigung des Doge zu Venedig.

So bleibt dann gar nichts ungetadelt? Nein,
sogar der Vorwitz der Klosterfrauen nicht. Zu
Venedig muß am Ostermontag der Durchlauch:
tigste Doge mit der ganzen Signoria in das Frau:
enkloster St. Zacharia gehen, und der Abbtissin
jene Mütze, mit welcher er an seinem Wahltage
gekrönt worden, zeigen, und dieses alle Jahre, so
lang er lebt. Das heißt die Sache ziemlich weit
getrieben! wie sie es aber dahin gebracht, habe
ich nicht erfahren können. Zu Inspruck ist kein
Guck si in die Lock, welches nicht in die
Frauenkloster gebracht werden müßte, und den
versperrten Servitennonnen mußte der Beicht:
vater sogar einen Mohren, den der spanische
Gesandte bey sich hatte, hineinbringen. O das
ist ein hübscher Mensch! gelt sie Schwester
Angela? ja, gut gewachsen, aber ziemlich
brunet. Wie ist doch Gott so wunderbar:
lich in seinen Geschöpfen? — Eine andere Gat:
tung des jungfräulichen Vorwitzes müssen wir
aus Ehrbarkeit verschweigen.

Contingent zu Eibel von der Ohrenbeicht.

Das harte Gebot, des Jahrs einmal alle seine
Sünden secundum speciem & numerum einem
Prie:

Priester in das Ohr zu lispeln, steht für manchen wie ein Gewissenszwang aus, und wir wissen, daß viele dadurch unglücklich geworden sind. Die ersten Christen mußten ihre öffentlichen Sünden auch öffentlich büßen; aber von einer stillen Ohrenbeicht findet man in der ganzen Kirchengeschichte der erstern Jahrhunderte kein einziges Dokument. Pabst Innocenz III. hat in seinem Kirchenrath im Lateran dieses Gebot den Christen aufgedrungen, und dadurch den Bettelmönchen ein richtiges Frühestück für das ganze Jahr zu Wasser und zu Land verschaft.

Sprachrevolution unter den Mönchen in unserm Jahr 1784.

In diesem Jahr endlich bequemen sich auch die Mönche, welche ehehin auf die Römersprache gleichsam geschworen hatten, zu unserer teutschen Muttersprache. Man sagt nicht mehr Pater Ernestus, Pater Uriel, Pater Ugucionius &c. sondern: Vater Ernst, Vater Uriel, Vater Uguck. Nicht mehr Pater Lektor, sondern Vater Leser. Nicht mehr Pater Definitor perpetuus, sondern: Vater immerwährender Entscheider. Die Examinatores Provinciæ werden hinfüro Provinzprüfer, und die clarissimi Fratres laici das geistliche Hornvieh zu teutsch benennet. Die Zuschrift an einen jeweiligen Pater Prior ist diese: dem ehrwürdigen in Gott geistlichen Vater Vordern ꝛc.

zu

zu schätzbarsten Händen, nicht mehr ad ma-
nus colendissimas.

Taxe einer Ordensgelübddispensation.

Die aufgehobenen Benedictiner in Wien,
Schwarzspanier genannt, sind endlich nach lan-
gem Zaudern des apostolisches Hofs von ihren
Ordensgelübben entbunden worden, und jeder aus
ihnen (wie ich selbst aus dem Mund eines solchen
Exmönchs vernommen) hat dem Agenten in Rom
16 Dukaten für die Dispens bezahlen müssen.
Gratis accepistis, gratis date. — Diese armen
Narren sind nun um 16 Dukaten von ihren Ge-
lübben dispensirt, und müssen doch dem Erzbischof Migazzi, das ist nicht wenig gesagt, Gehorsam leisten, ehelos, uud mit 300 fl. Pension är-
mer als im Kloster leben. — Eine artige Dispens um 16 Dukaten! — Auf diese Art wollte
ich lieber Agent zu Rom, als Hofrath zu Wien seyn.

Päbstliche Gnadenbezeugung für Modena.

Von Rom vernimmt man, daß der Pabst an
den Bischof von Modena ein Breve hat ausfertigen lassen, kraft welchem die geistlichen Güter,
welche später als 1640. erworben worden sind,
eben so, wie die weltlichen steuerbar seyn sollen,
jedoch mit der angehängten Clausel, daß man
diese Bewilligung als eine bloße Gnade Sr.
Heiligkeit, und nicht als eine Wirkung der Gewalt des Oberherrn zu betrachten habe. — Diese
Worte:

Worte: geiſtlichen Güter ſind immer in meinem Sinn eine Chimäre. — Dem ſey aber, wie ihm wolle, wird doch die Welt dieſe bloße Gnade mit dankbarem Gefühl verehren: und wir hoffen es noch zu erleben, daß auch die Güter, welche früher als 1640. erworben worden ſind, aus eben dieſer bloßen Gnade ſteuerbar ſeyn werden, wie ſie es ehemals in der erſten Kirche ohne Widerrede waren.

Begräbniß auf venetianiſche Manier.

Den 19 Febr. wurde zu Venedig der Bruder des durchlauchtigſten Doge, Don Angelo Renier begraben. Der Leichnam wurde von der ganzen Cleriſey (denn mit ſolchen Herren gehet ſie ganz gerne) bis zum großen Canal begleitet, und ſodann in eine Barke geſetzt. Artig ware es zu ſehen, wie auf einer Seite der Leichnam, und auf der andern 3 bis 4 Barken mit Masquen einherfuhren. — Der Leichnam wurde zwar den Tag vorher in dem Pallaſt ausgeſetzt; aber das Volk wurde zum Weihwaſſergeben nicht zugelaſſen. Man ſagt hier, und zwar weislich, daß bey dieſem Zulauf des Volks eine größre Portion Vorwitz als Andacht ſey, und daß bey dieſer Gelegenheit ganz artige Diebe ſich ins Haus einſchleichen, die eher etwas heraus als hineintragen. Zu Inſpruck, wo das plitſch platſch den ganzen Tag dauert, gehet manchsmal ſo was ab, welches man noch ganz gut im Haus brauchen könnte. — Der verſtorbene

bene kann ja doch ohne diesen heiligen Sündfluß im Frieden ruhen.

Charfreytagsproceßion in Brixen.

In eben dieser Residenzstadt wird noch immer an diesem Tag die Proceßion oder Umgang gehalten, bey welcher vier = bis fünferley Christus einhergehen, welche zwar alle blau gekleidet, doch natürlicher Weise einander nicht gleich sehen. Artig ist es auch zu sehen, wie diese Christus, Juden, Geißler, Kreutzzieher, Verona und Helena sich so brüderlich und schwesterlich mit einander betragen. — Die ehrwürdigen Väter Kapuciner haben die Direction über diesen Zug.

Toleranz und Freymaurer.

Vor Josephs Zeiten durften sonst die hochwürdigen Herren Prediger, und zwar oft per jussu Superiorum so wie gegen alle Leute, die nicht dachten und handelten, wie sie, — also auch gegen die Freymaurer von ihrer Kanzel herunter donnern. Freylich waren gewiße päbstlichen Bullen sichere Stützen. Denn da der Freymaurerorden vom päbstlichen Hof nicht bestätiget worden ist, dieses aber gegen das päbstliche Recht läuft, so wurden alle seine Glieder in die geistliche Acht gesprochen. Joseph muß aber eine beßere Meynung haben. Denn als jüngsthin zu Inspruck ein Erjesuit P. Tsch** gegen die Freymaurer losgezogen hat, so ist er der Kanzel entsetzt, und zu diesem Amt für untüchtig erklärt worden. Warum sollten auch diese Leute die Toleranz nicht zu genießen haben, die doch ohne Acta Sanctorum, Ordenslegenden ꝛc. vielleicht im Staat mehr gutes gestiftet haben, als mancher Ordo sanctus & approbatus.

Kirchenkronik

auf das Jahr 1784.

№ 3.

Den 19. April.

Litaneyreformation.

Der durch seinen Hirtenbrief so berühmte
Bischof zu Verona hat am 16ten März befohlen,
daß man aus der lauretanischen Litaney diese
Worte: Du Königin des allerheiligsten
Rosenkranz, ausstreichen soll. — In der
That über eine schmutzige Schnur und etliche
Grallen möchte ich auch nicht König seyn. — Meines Erachtens hätte er auch die Worte: Du
Königin des allerheiligsten Scapuliers,
falls sie in seinem Kirchensprengel üblich sind,
auslöschen können. Wehe uns, wenn ein Stück-
lein Tuch das allerheiligste Ding ist! — Zu
Innsbruck in Tyrol wurde eine dienstfertige Ex-
jungfer die Zuflucht der Sünder genennt;
und ein helfenbeinerner Thurn möchte ich
vollends gar nicht seyn. — Allein wir elende
Layen verstehen diese Sachen nicht.

Markusfest zu Venedig.

Eine Religionsübung, welche in Venedig
alle Jahr vorgenommen wird, müßen wir noch

c

anführen. Am St. Markustag tragen 40 bis 50 Buben einen hölzernen Löwen mit Sammet überzogen auf einer Stange in der Stadt und in der St. Markuskirche herum, und schreyen aus voller Kehle: Carne, riſi, che viva il S. Marco! Fleiſch, Reis, ſoll leben der heilige Markus! Der Doge muß dieſen Ragazen an dieſem Tag Fleiſch und Reis geben, ſo viel ſie ſchlucken können. Vielleicht giebt es auch in Tyrol gottſelige Kinderlein, welche am Ignatitag einen Fuchs herumtragen, und ausſchreyen: Nudl, Nocken, Plenten, es lebe der heilige Vater Ignatius!

Stocken des Heiligſprechen.

Das Heiligſprechungsgeſchäft in Rom hat auch keinen ſolchen Gang mehr, wie vormals. — Wir haben in der That Heilige genug, ganze Litaneyen, Calender und Legenden voll; mithin wenn neue darzu kommen, entgeht die Verehrung einem andern. Wir ſehen es noch nicht ein, wie der Pabſt wiſſen könne, daß dieſer oder jener Menſch im Himmel ſey, wenn ihms nicht Gott oder der Heilige ſelbſt ſagt: und dennoch definirt er ganz unerſchrocken, daß dieſer oder jener Kapuzinerbruder im Himmel ſeye, und den dreyeinigen Gott von Angeſicht zu Angeſicht ſehe, wie er in ſich ſelbſten iſt. Die Jeſuiten wollten uns weiß machen, daß der Pabſt in dieſem Geſchäft untrüglich, (infallibilis) ſey: ja ſie unterstanden sich sogar zu sagen, daß derjenige, der dieß nicht glaube, ein Ketzer sey; non quidem dogmatice, attamen theologice talis. Allein die guten Herren, ob sie schon alles vermochten, brachten dieß doch nicht zuwegen. — Die Carmeliten zu Rom wollen ihren ehrwürdigen Joannes à Jesu mit aller Gewalt kanonisirt haben. Ihr Vater General, oder Regimentsinnhaber, läuft von einem Agenten zum andern herum, er wird es aber schwerlich erzwingen, wenn nicht eine reiche Fürstin sich des guten Johannes erbarmet; denn es kostet viel Geld, um zu erfahren, ob dieser oder jener Carmelit im Himmel sey. — Wo wird man aber jetzt eine solche Fürstin finden? Vor Zeiten war es leicht: aber jetzt bey so verderbten Zeiten! — Um die gottselige Crescentia zu Kaufbeuern will sich auch kein Mensch mehr annehmen. Die Gräfin T.... — — hat sich vor etlichen Jahren viele Mühe gegeben; ihr Beichtvater der P. A... hat schon die Canonizationspredigt ausgedacht; aber ganz allein können sie es unmöglich erzwingen. Andere Familien bewerben sich mehr, einen Bischof aus ihrem Geschlecht zu haben, als um einen Heiligen: sie sagen, es sey für das Haus einträglicher. Auch wir wollen es gern glauben.

Ueber des Pabsts Reise nach Avignon.

Den 9ten März hat ein Kurier von Rom dem Senat zu Bologna die erfreuliche Nachricht

gebracht, daß Se. päbſtliche Heiligkeit nach
Oſtern eine Reiſe nach Avignon machen werden.
Vermuthlich werden Se. Heiligkeit die dreyfache
Krone, — das Triregnum mundi, — mit
ſich nehmen, welches die Franzoſen weit neugieri-
ger, als die Wiener begucken werden. Pabſt Peter
Cöleſtin trug nur eine Krone auf dem Schedel,
der demüthige Bonifaz der achte ſetzte noch eine
darauf: Urban der fünfte endlich die dritte, zum
Zeichen, daß er der Herr von drey Welttheilen
ſey. Er wußte nicht, daß es noch einen Welt-
theil, nemlich Amerika, gebe, ſonſt würde er
wohl auch die vierte hingeſetzt haben. Alexander
der ſechste, unter welchem Amerika erſt recht
bekannt worden, wirds vermuthlich vergeſſen
haben, und ſein Thronfolger Julius der zweyte
trug lieber eine Sturmhaube und Küraß, als
eine Krone. Uns wundert, daß der liebe Braſchi
(er iſt doch ziemlich alt) mit dieſem Ding noch ſo
eine Freude haben kann.

Ewige Lichter zu Wien löschen aus.

Die ewigen Lichter in Wien beginnen allbereit
auszulöſchen, nachdem ihre Stiftungen dem Religionsfond einverleibt ſind, die Verſtorbene werden auch ohne dieſe veſtaliſchen Lichter im Frieden
ruhen. Zu Innsbruck ſind in dem Gottesacker
3 bis 4 ſolche Lichter, durch welche manche arme
Seele aus dem Fegfeuer mag erlöſet worden ſeyn.
— Die ſogenannte geiſtliche Freundſchaft, —

parentela spiritualis, — welche man bey Gelegenheit der Taufe und der Firmung, wie Gott wie, an sich brachte, macht auch hinfüro keine Hindernisse in der Ehe. Diese geistliche Freundschaft ware uns immer ein Räthsel, wie die geistlichen Ehen der Bischofe mit ihren Kirchen, besonders, wenn ein Bischof zwey Kirchensprengel, das ist, zwey Frau Liebsten hat. Vor dem Kirchenrath zu Trient waren 7 bis 9 Grad dieser geistlichen Freundschaft, so, daß fast keine Familie ohne römische Dispens zusammenheyrathen könnte. Der Taufpathe und seine Frau waren mit den Eltern des getauften Kindes, mit dem Kind, und Kindeskindern, und Kindeskindernkindern und so weiter versippschaftet, daß es eine liebe Lust war. Jetzt hört das ganze Gezeug auf einmal auf — daß Gott erbarm!

Ein paar neue Innschriften.

Da das ehemalige Jesuitenkollegium zu Triest in eine Kasserne verwandelt worden, wird mit nächstem folgende Innschrift ob der Pforte gesetzt werden.

Ignatio castrorum desertori
castra posuit Josephus II.
A. M. D. G.

Weil die jungen Geistliche in den neuerrichteten Seminarien oder Priesterhäusern kein schweinenes Fleisch essen, und keinen Wein pro dolor!

trinken dürfen, wurde ihnen in Wien zu Nachts dieße Innschrift auf die Porte gesetzt.

COLLEGIUM
JUDÆORUM & MUHAMETANORUM.
d. i. Pflanzschule der Juden und Türken.

Nachtrag zu den Anmerkungen über den Teufel zu Seefeld.

Man sagt, daß der Kaiser die Seefelder: mönche, welche im verflossenen Jahr im Monat May aus einem 16jährigen Mädchen 100 Millionen Teufel ausgetrieben haben, ebenfalls austreiben werde. Der Prior wird ihm schlechten Dank dafür wissen, weil er zu Seefeld Gerichts: herr ist, und mithin aufhört ein Monarch in Mignatur zu seyn. — Die guten Mönche sind zwar zum Theil zu entschuldigen, weil sie die Teufelsbeschwörungen nur aus Befehl des Bischofs zu Brixen, das ist, ex virtute sacræ obedientiæ unternommen haben. Doch sind sie nicht ganz ohne Schuld. Denn, nachdem der Teufel in der ersten Session eingestanden, daß er nicht latein kenne, und in der zweyten, daß er 100 Millionen Teufel bey sich habe, hätten sie dem Bischof zurückschreiben sollen, daß die Teufel bey jetziger Zeit keine Furcht mehr vor den Mönchen hätten, und mithin möchten Se. fürstliche Gnaden dieses ganze Geschäft einem ansehnlich frisirten gnädigen Herrn Consistorialrath zu Brixen auftragen. In diesem bestand ihr Fehler.

Beytrag zur tyrolischen Kirchenstatistik.

Von der Zeit an, daß der Graf C..... mit Tod abgegangen, verspricht man sich bessere Progressen von der dasigen Religionscommission. Der Religionsfond, welcher vorhin so arm war, wie ein Kapuzinergarberobe, wird nun unter der Direction des verdienstvollen Gubernialraths Herrn Grafen Felix von Kuen ein kleines Peru werden. Wir machen hier einen kleinen Ueberschlag. Die große Congregation zu Innsbruck hat wenigstens um 50000 fl. Silber, welches ja vermuthlich nicht für den Antichrist aufbehalten werden wird. Das Kloster Stambs hat 40000 fl. jährliche Revenüen, Kloster Wiltau 34000, die Serviten 9000 fl. Nun giebt man diesen geistlichen — — eine Pension p. 300 fl. das übrige kömmt zum Religionsfond. — — — Zu Waldrast ist ein hölzernes Frauenbild, Maria Waldrast genannt, welches an ihren Gallatagen mit einem Schmuck, 10000 fl. werth, umhängt ist. In der Jesuitenkirche zu Innsbruck ist auch so ein hölzernes Ding, Maria Joya genannt, welche sehr kostbare Ring in ihrer Chatoulle hat. Man muß immer in Sorge leben, daß diese Bilder, weil sie nach Aussage der Mönche öfters reden, nicht ihren Schmuck etwa einem preußischen Deserteur schenken: und was hat nachher das Land davon? Wenn wir erst die Bruderschaftgelder dazu nehmen, Himmel! welch ein Religionsfond! wie viel Arme kann man davon ernähren, wie viel

Pfarreyen und Curatien stiften! wir wollen nur einige Bruderschaften erwähnen. Mariahülff, St. Barbara, St. Antoni, Mariahimmelfahrt, St. Anna, St. Rochus, St. Sebastian, Jesus Maria Joseph, St. Ignati, St. Xaveri, St. Aloysi, St. Michael, St. Johann von Nepomuck, Schutzengel, Rosenkranz, St. Monikagürtel, schwarze, weiße, braune, blaue Skapulier, und die seraphische Strickgürtelbruderschaft, welche auf jeden Knopf einen besondern Ablaß hat. — Was machen dann so viele Bruderschaften in der Welt! Sie sind sichere Wechselbriefe für die Mönche, wie die sogenannten Gnadenbilder; aber für uns Christen sind sie ganz überflüßig. Wir sind verbrüdert genug in Christo Jesu durch die heilige Taufe, und wer wird nicht lieber ein Bruder Jesu seyn wollen, als des Franzens von Assis, welcher wie der heilige Bonaventura in seinem Leben schreibt, so gar seinen Esel einen Bruder hieß? Quæ vero sunt eadem uni tertio, sunt etiam eadem inter se.

Judentauf.

Am 18ten März sind zu Venedig 10 Juden in der Patriarchalkirche getauft worden. Die Absicht der Juden ist insgemein bey diesem Geschäft so rein, als wenn sie durch einen Mastdarm gezogen worden wäre.

Kirchenkronik

auf das Jahr 1784.

Nᵒ 4.

Den 26. April.

Kirchliche Dichtkunst.

Man verspricht sich vom Herrn Gubernialrath Grafen von Kuen, daß durch seine Einleitung manche Bilder und Lieder in Tyrol möchten abgethan werden. Z. B. ein Lied zur Mutter Gottes auf dem Jörgenberg nächst Schwaz.

Maria Himmelskönigin salve salve salveto
Churfürstin zu Jerusalem, Marggräfin
zu Loreto.

Ein Bild des H. Georgs zu Freundsperg bey den 14 Nothhelfern nächst Schwaz mit diesem Gebetlein.

Heiliger Ritter St. Jörg edel g'streng,
Der du passirt hast des Himmelswegs eng,
Bewahre uns vor die Fra . . . n
Die man insgemein hat in d. H . . . n

Ein Bild der H. Apollonia zu Kitzbüchl in Tyrol mit der Innschrift:

Der Kayser Decius voller Zorn,
Riß der H. Apl die Zähne aus hinten und
vorn.

b

Ein Bild des H. Alexius zu Innsbruck mit der Innschrift:

Ist dieß der H. Alexius gewesen,
Den man minder geachtet als einen Besen?

Auch die Krippelein und Comp. abgeschaft.

Zu Innsbruck sind die sogenannten Krippen, oder Vorstellungen des lieben Jesuleins zwischen Ochs und Esel und andere herzbrechende Figuren abgeschaft worden. — Diese Krippen waren eine Erfindung des sinnreichen Franzens von Assis, der mit Ochs und Esel seine Herzensfreude hatte. Ich weis mich selbst zu erinnern, eine Krippe gesehen zu haben, in welcher zwey Kaputziner bey der Hochzeit zu Cana in Galiläa zu Tisch sassen, und eine Tyrolerkellerin Wein einschenkte. Ein hübscher Auftritt!

Charsamstag der Serviten.

Die Serviten zu Inspruck pflegten am Char-samstag eine wächserne Statue, die sie Mutter Gottes hießen, des Nachmittags schwarz anzu-kleiden, zu Nachts um 8 Uhr aber wieder zu ent-kleiden, gleich als wenn sie selbe schlafen führen wollten. Diese Function geschah in der Kirche mit großer Feyerlichkeit. Der Prior (oder jetzt der Vordere) krönte dieses wächserne Ding mit Beyhülfe des Diakons und Subdiakons und sang: Regina Cœli &c. das ganze Convent fiel plötzlich auf die Knie, als wenn es vom Donner

darniedergeschlagen wäre: auf dem Chor erschalten
Trompeten und Paucken, unter welchen das Convent folgendes Lied sang:

Freu dich du Himmelskönigin
Das Leid ist alles hin.
Maria Jungfrau reine,
Du bist wohl gar eine feine!
Maria Himmelsgarten,
Ach laß uns nicht lang warten. ꝛc.

Wir beziehen uns zu Steur der Wahrheit auf
das servitische Ceremonialbuch, aus welchen wir
dieses Lied genommen haben. Der Graf Cyriak
von Troyer hat zu dieser Religionsübung drey
Dukaten auf ewige Zeiten vermacht. Dieß war
ein frommer gottesfürchtiger Herr! — Nun diese
so rührende, so anmuthige Andachtsübung ist
auch abgethan! wie weit kommt es noch! die
Jungfer Theresia Tillerin und Maria Everl
Plunzerin, welche dieses wächserne Ding à la
moderne kleiden mußten, sind nun ihrer Mühe
überhoben. — Da nun den marianischen Knechten dieser Herzenstrost von dem innsbruckischen
Gubernium benommen worden, was thun sie?
Sie haben in ihrer Kirche ein Annuntiatbild,
dessen Kopf ein Engel, oder gar ein Erzengel gemahlt haben soll, zu diesen begeben sie sich zur
gewöhnlichen Stunde. Ein Layenbruder zieht
den Vorhang hinweg, und da schreyt der Prior,
das ist der Vordere, mit seinem Diakon und

Subdiakon aus voller Kehle: Regina cœli! und
sodann werden die gewöhnliche Caravanen, wie
oben, fortgesetzt. Wie könnte einem so was bey
gesunder Vernunft einfallen! allein die Mönche
sind weit gescheuter, als die übrigen Menschen.
Filii tenebrarum prudentiores sunt filiis
lucis.

Bilderpromenade abgestellt.

Noch ein anders Religionsding war in Inns=
bruck bis im Jahre 1783 üblich, welches wir
in geliebter Kürze zu jedermänniglicher Erbauung
anführen. Am 2ten July, als am Tage Maria=
heimsuchung trugen die Herren Bürger des innern
Stadtrathes ein hölzernes Jesuitenbild, Maria
Foya genannt, von der Jesuitenkirche in die Pfarr
zum Mariahülfbild. — Es versteht sich von selb=
sten, daß bey dieser Feyerlichkeit Trompeten und
Pauken erschallten. Die Herren Bürger waren
mit schwarzen Mänteln gekleidet, die manchsmal
einer von dem andern sub onere restitutionis
entlehnte. Rings um das Bild herum trapten
(ist ein Tyrolerausdruck) schlechtere Bürger
ganz gravitätisch einher, roth austapezirt, mit
Lanzen in der Hand, die man die marianischen
Spitzl hieß, recht artige Meubels ! — Hinten=
drein wackelte der speckfette Herr Stadtpfarrer mit
seiner anmuthigen Clerisey. Von alten Weibern,
die aus ihren Zahnlücken unverständliche Gebette
daher murmelten, wollen wir nichts sagen. Das

Mariahülfbild nahm diese Visite nicht so gleichgültig an, wie man vielleicht glauben möchte, nein,
es ließ sich am 17 July, als am Namenstag des
H. Alexius, zu den sieben Kapellen tragen, und
nachdem es seinem Liebling zum H. Namenstag
gratulirt hatte, machte es in der Heimreise dem
Fonabild eine schuldige Gegenvisite.

Ueber Wiens Aufklärung.

Wien ist doch lang nicht so aufgeklärt, wie man
vorgiebt. Erst vor etliche Tagen wohnte ich einem
Leichenbegängniß bey, und sahe auf der Todten-
bahre fünf geschnitzelte Dinger, schön vergoldet,
die man Bruderschaften nannte. Zwey solche
Dinger, weil sie auf dem Sarg keinen Platz hatten, trug ein Verordneter auf beyden Armen einher, fast wie man die heilige Mutter Anna mit
zwey Kindlein zu mahlen pflegt. Ich will just den
lieben Wienern keine Schuld beymessen, sondern
eher glauben, es sey ein Uebersehen des Herrn
Erzbischofs, welcher wegen hohen Alters solche
Kleinigkeiten nicht mehr bemerket.

Gaßner der Zweyte.

Ein geistlicher Schwärmer in Steyermark
(ungefähr wie Gaßner der erste in Schwaben)
hatte ein physisches Mittel, womit er tausende
betrügen konnte. — Der Stolz über das Auf-
sehen, daß er bey Leichtgläubigen erregte, ver-
mehrte sein Kragenfett, und schwoll seinen

Wanst. — Er hatte schon alles erschöpft, was Seegenssprüche, und Teufelsbannereyn mit sich bringen; Nun wollte er auch Todte auferwecken! Er rief einen armen Mann zu sich, und versprach ihm fl. 100, wenn er sich todt stellen, und nicht eher erwachen würde, bis er die gebieterische Stimme hörte: Todter stehe auf! — Der arme ließ sich durchs Geld blenden, beredete sein Weib, und heuchelte sich todt. Man nähete ihn in's Leichentuch ein; legte ihn in den Sarg, stellte den Leichenconduft an, und zog dem Gottesacker zu. — Am Thore desselben stand der Wunderthäter, als wäre er von ungefähr dahin gerathen, — Als die Leiche ankam, sagte er: Nun sehet ihr Unglaubige, was ich vermag! — Träger stehet still! — Sie standen. — Weg mit dem Sargedeckel! — die Sarg wurde geöfnet. — Todter stehe auf! — Er stand nicht auf. — Todter, ich sage dir, stehe auf! — stumm und kalt blieb er liegen. Stehe auf! — Stehe auf! — Umsonst, der arme war im Leichentuch erstickt. — Der Wunderthäter entfloh, und die Wittwe des Armen schrie ihm nach: — Herr ich sch— euch in eure fl. 100! Schaft mir meinen Mann wieder! —

Die Schaggraber.

In W** wurden zwey Pfaffen zur öffentlichen Schanzarbeit verurtheilt. Sie beteten das Christophelsgebet, und mißbrauchten dabey

eine geweyhte Hostie. Hätte man lieber den
Kerls auf der Stirne zur Ader gelassen!

Einige Studenten ritten einmal zu J** am Gal-
gen vorbey und hörten da eine erschröckliche Beschwö-
rungsformel. Sie sammelten Steine, und warfen
auf den Beschwörer, der ließ sich aber in seinem
conjuro te, conjuro te nicht irre machen, bis
der Teufel mit einer Reitpeitsche vor ihn hintrat,
und ihm den Bukel recht voll schmierte. — Der
aberglaubische Pfaff erkannte endlich seinen Gutthä-
ter, und mußte ihm geloben, daß er niemals mehr
schatzgraben wolle. — Wenn er sein Wort hielt,
so hat er wirklich einen Schatz gefunden.

Das geistliche Weinfaß.

Daß die Mönche noch immer den besten Wein
haben, der unsrige mag so sauer seyn, als er will,
beweißt folgende Geschichte.

Das Kloster S — verstieß einen alten Haus-
knecht, der viele Jahre treu, und reblich gedient
hatte, — nur deßwegen, weil er alt war, —
und seinem Dienst nicht mehr so gut vorstehen
konnte, als da er 30 Jahr alt war. — Er bat
um ein Gnadengehalt, und das wurde ihm ab-
geschlagen. Der arme Mann wußte nicht, wo er
sich hinwenden sollte, als er auf einmal vernahm,
daß der Kaiser den folgenden Tag zu A — durch-
reisen werde. — Vor Alter gedrückt, und von
der Armuth gequält faßte er den Muth, den
Monarchen um Hilfe anzuflehen. Er stellte sich
auf eine Poststation, wo er die Pferde wechseln
mußte, dort warf er sich dem gerechtesten Kaiser

zu Füssen, erzählte demselben die traurige Lage seiner Umstände, und entdeckte ihm dabei, daß er wohl wüßte, daß das Kloster sehr reich wäre, weil er sich erinnere, gehört zu haben, daß unten im Keller ein gewisses Weinfäßchen (das man nur des gnädigen Herrn Mundwein hieß) mit lauter Dukaten angefühlt wäre. — Der Monarch tröstete den Mann dadurch — daß er ihn beschenkte, und nach Wien zu kommen befahl, wo er ihm eine lebenslängliche Pension auswerfen werde. Kurz hernach machte ein kaiserlicher Commissarius dem Hr. Prälaten die Aufwartung—versicherte ihn, daß der Kaiser so viel rühmliches von seinem vortreflichen Mundwein habe sprechen hören,—und daß er ihn zu kosten wünschte.—Der Hr. Prälat machte viele tiefe Verbeugungen — setzte dem Hr. Minister alle mögliche Weine auf! —— Allein keiner war der ächte. — Endlich bat er sich die Freyheit aus, den Keller selbst in Augenschein zu nehmen, fand an dem angezeigten Ort das bewährte Fäßchen: — versicherte, daß es dieser wäre, den der Kaiser zu kosten wünschte: — nahm es mit sich fort; und schrieb dem Hr. Prälaten von Wien aus, daß er Se. Majestät — so gut schmecke, daß er ihn bis auf den letzten Troppen täglich zu seinem Tischwein gebrauchen wolle. Der Herr Prälat versicherte hingegen den Hr. Minister, daß seinem verdorbenen Magen seithero kein Wein mehr anschlage.

Kirchenkronik

auf das Jahr 1784.

N⁰ 5.

Den 3. May.

Abermalige Prälatenbeschränkung.

Die dickbauchigte Prälaten und andere Ordens-
obern sind übel zufrieden mit der k. k. Verordnung, daß sie ihre untergebenen Ordensgeistliche
mit allen Nothwendigkeiten versehen sollen, damit diese nicht weiter Ursache haben, von Hause
zu Hause, bald um Taback, bald um Strümpfe,
Schnupftücher, weiße Wasche, Pflaster, Bruch-
bänder ꝛc. und was plunders noch herumzustre-
chen. Die Verordnung lautet: sie sollen ihre
Geistliche in allem versehen, auch mit Aufopferung
ihrer gewöhnlichen Pracht und Herrlichkeit.
Das thut aber wehe, bitter wehe, denn — diese
Herren wollen ihren vier Finger hohen Speck
nicht gern einschnurfen lassen, müssen aber doch
immer in Sorgen leben, ihre Untergebene möchten gesteift auf diese k. k. Verordnung eine An-
zeige nach Hof machen.

Ueber Feyertage.

Wenn es erlaubt ist zu reden, so müssen wir
gestehen, daß alle Kirchengebote, wenn man sie

mit einem unpartheyischen Auge betrachtet, einer anständigen Kritik unterworfen sind. Von dem Cölibat, oder ehelosen Stand der Geistlichen wollen wir gar nichts reden, damit wir nicht bey ihren Jungfern Haushälterinnen eine Unehre aufheben. Gott bewahre uns vor ihren Zungen. Das Gebot an Sonn= und Feyertagen Messe zu hören, wollen wir just nicht tadeln; aber der Feyertage waren gewiß zu viel. Den Bettel= mönchen ist es inzwischen nicht gelungen, die Tage ihrer Ordensheiligen und Seeligen, feyer= täglich zu machen, sonst wäre unser Calender blutroth, wie ein Cardinalshut. Sie mußten sich nur mit dem begnügen, daß ihre dritte Ordens= schwestern, oder Tertiarierinnen an diesen Tagen beichteten und communicirten. — Das Gebot zur Advent und Fastenzeit keine Hochzeiten zu halten, verstehen wir gar nicht. Denn was geschieht da= bey übles? Die nächsten Anverwandte werden zur Tafel geladen, und zu Nachts ist etwa ein Tanz mit einer geschlossenen Compagnie. Dies ist das ganze Gepränge, welches unter einer Tod= sünde verbotten ist!

Johannisfeuer von Luther und Pabst.

Zu Hötting, einem Dorf bey Innspruck wird noch immer am St. Johannestage der Martin Luther verbrannt: dieses Gottgefällige Werk ha= ben wir den Jesuiten zu verdanken. Die Eng= länder verbrennen dafür unsere päbstliche Heilig= keit. Conf. Faustin.

Mönchskathechetick.

Wenn wir eine Menge der überzeugendsten Beweise gegen die Verwaltung der Mönche in den Pfarreyen mit aller Beredsamkeit eines Cicero hererzählten, so würde unsere Chronik doch von den meisten ungelesen hinter die Thüre geworfen, von wenigen geprüft, und von noch wenigern verstanden werden wollen, und so hätten wir unser ganzes Vorhaben, ihre Schädlichkeit zu beweisen schon im voraus verfehlt. Wir wollen also ein Geschichtgen, das haarklein, und wie wir hoffen, auch überzeugend unsern Satz beweisen soll, unsern lieben Lesern erzählen, weil es immer richtig ist, was das alte lateinische Sprüchwort sagt: verba docent, exempla movent. In dem lieben armen Schwabenlande, das noch so sehr mit tiefer Unwissenheit, mit der Verderbniß, und dem unerträglichen Stolze des Mönchthums heimgesucht ist, befindet sich gegen das Allgöw zu, die Reichsprälatur O****, dessen Oberhaupt zugleich Pfarrer ist, weil die pfärrlichen Einkünfte, groß, und kleiner Zehend, Withumgut, und Stol, und alles eben ohne Ausnahme seinem Kloster einverleibt sind. Nun mögen ihn freylich vielleicht Staats = und Jurisdictions= und Kriminalgeschäfte, deren er sogar als Reichsprälat immer zur Genüge sich schaft, oder aber geistliche, und religiöse Geschäfte, Zucht, Ordnung, Feinheit, u. d. g. in seinem Convent herzustellen, daran hindern, oder mag es vielleicht gar seiner infulierten Würde zu gering seyn, — kurz das wollen wir alles nicht untersuchen, und soll unsern Lesern genug seyn, wenn wir ihnen sagen, daß der Herr Prälat die Besorgung der Pfarrey jederzeit einem seiner Ordensgeistlichen überträgt. Worinn dieser nun die Pflicht eines Seelsorgers setzt, das wissen wir eben auch nicht, aber das wissen wir, daß vor sehr kurzer Zeit einer seiner Pfarrkinder, ein etlich zwanzig Jahre alter Baurenbursche sich heyrathen wollte, und da er seiner Braut nach in eine andere Pfarrey zog, von seinem neuen Pfarrer einem Weltpriester, vorgefordert wurde, um sich von dem nothwendigen zur Empfahung des H. Sakraments der Ehe unterrichten zu lassen. Der Pfarrer fieng nun an, alle sieben H. Sakramente der Ordnung nach mit dem Bräutigam zu durchgehen, und als er zu jenem des Fronleichnams kam, fragte er ihn.

Pfarrer: Woraus besteht denn die H. Hostie?

Baur. Aus dem heiltgen Geist.

P. Ey. nicht doch! wenn ich gefragt hätte, was unter der Gestalt der H. Hostie verborgen seye, dann hättet ihr mir antworten sollen: der lebendige Gott, der nun dann freylich nebst dem Vater und dem Sohn, auch aus dem H. Geist besteht. Jetzt frag ich aber nur: aus was die Hostie selbst, die ihr seht, besteht?

B. Aus Papier.

Nun steckte die Antwort dem guter Pfarrer
seine fernere Frage auf einige Zeit im Munde,
und mir entsinkt die Feder darüber aus der Hand.

Zur Aufhebungsgeschichte der Jesuiten.

Ricci crolando l'orgogliosa testa
A se chiamo' i suoi Compagni, e disse
Recco novella o Figli miei funesta
Il rio Clemente il gran decreto scrisse

Ei ci scaccia qual Gente al celo infesta;
Che i giusti opresse, e piu d'un Ré trafisse,
Per cui piu volte invuan pallida, e mesta
La Fé tradite, e l'onesta s'afflisse;

Ma' in noi l'usato ardir non venga meno
Ciascuno di furtivo acciaro, e d'Acque
Proveggasi infeste di mortal veleno.

Non viva il viver nostro a chi dispiaque,
E' premendo l'aspro dolor nel seno,
Giro' tre volte i loschi lumi, e tacque.

Auf teutsch.

Ricci schüttelte sein stolzes Haupt, rufte seine
Gesellen zu sich und sagte: Kinder ich bring euch
eine niederschlagende Nachricht, der gottlose Clemens unterschrieb das Urtheil unseres Todes.

Er verbannt uns vom Erdekreis, als wären
wir Feinde des Himmels, die die Unschuld unter-
drückt, die Könige gemordet und Treu und Red-
lichkeit gebrochen.

Aber laßt unsern sonst gewöhnlichen Muth
nicht sinken, jeder versehe sich mit einem verborge=
nen Dolch, und mit vergiftetem Wasser.

Der soll nicht leben, dem unser Leben mißfiel! —
und so, indem er seinen heftigen Zorn im eige=
nen Busen erstickte, wandte er noch dreymal
die schelen Augen im Kopf herum — und schwieg! —

Revision der Liturgie der Protestanten.

Die Reichsstadt Lindau hat einen Schritt ge=
waget, der den lieben Freunden des Alterthums
bange Seufzer vom beklemmten Herzen locken
wird. Sie hat ihre bisherige Liturgie abgewür=
diget. Wer weiß, ob sie das nicht unter ihren
Glaubensbrüdern in den Ruf der verdammlich=
sten Ketzerey bringen wird? Die Protestanten
haben die Catholicken immer über den Gebrauch
der lateinischen Sprache ausgehöhnet. Aber nie
haben sie es merken wollen, daß ihre teutsche
Gebete beym öffentlichen Gottesdienst von dritt=
halbhundert Jahren her gebräuchlich, dem ge=
meinen Mann nicht verständlicher seyn könnten,
als dem catholischen Layen das Kirchenlatein.
Sie sind ganz verbrämt mit figürlichen Redens=
arten aus der Bibel, die unsers Erachtens in
Gebetsformeln auch für den gemeinen Mann
zum Mitdenken und Mitbeten bestimmt, nur als=
dann statt finden können, wenn sie ganz klar und
deutlich, auch im gemeinen Leben so gebräuch=

lich sind, als die eigentliche Redensart. Diese
gewiß billige Forderung findet man in den bis-
her gebrauchten protestantischen Liturgien, auf
eine der wahren Andacht höchst schädliche Weise,
ganz vernachläßiget. Oft sind sogar die biblischen
Ausdrücke aus ihrem Zusammenhang, der Licht
über sie ausbreitete, so erbärmlich herausgerissen,
so gezwungen angewendet, daß sie entweder gar
keinen Verstand haben, oder gar zu äusserst wid-
rigen, der edlen Einfalt der Lehre Jesu völlig
entgegengesetzten Vorstellungen leiten, und, daß
man mit Bestand der Wahrheit, die Liturgie,
in der sie so vorkommen, als eine Quelle der be-
klagenswürdigsten Schwärmerey und Ketzerey
angeben kann. In unsern Zeiten haben die Protestanten besonders Zolikhofer und ̤ eiler, durch
Vorschläge und wirkliche Formulare, dieses Unheil zu heben, nicht geringschätzige Versuche gemacht. Durch dieser würdigen Männer Stimme
aufgeweckt, hat die Obrigkeit und das geistliche
Ministerium der Stadt Lindau die alte oft zweck-
und sinnlose Liturgie abgeschaft, und an ihre
Stelle eine ganz neue öffentlich eingeführt, solche
auch zum Beyspiel und Ermunterung anderer
protestantischen Gemeinen, dem Druck überlaß-
sen. Der Leitung und dem Rath eines vortreflichen Consistorialpräsidenten, des Herrn Burger-
meisters Johannes von Halders, seinem thäti-
gen Eifer für das Beste der Kirche, der Schulen
und des gemeinen Wesens, seiner vorsichtigen

Entschloſſenheit, und beſcheidener Standhaftigkeit, der klugen Einſicht, und der ſeegensvollen Eintracht des geiſtlichen Miniſterii, danket die lindauiſche lutheriſche Kirche dieſe nußbare und rühmliche Einführung einer ganz neuen Liturgie. Der älteſte lindauiſche Geiſtliche, Herr M. Sembel giebt in einem zwar kurzen, aber körnigten Vorbericht von dieſer Aenderung, ihrem Zwecke, ihrer Nothwendigkeit und Nußen, eine leſenswürdige Nachricht, die es werth iſt, von allen, die zu einem gleichen Zwecke arbeiten wollen, mit reifem Nachdenken beherziget zu werden. Ganz vollkommen können wir zwar dieſe Agenden nicht nennen. Aber wer will etwas, in allen Stücken, vollkommenes hier fordern? Genug! daß dieſe neue Liturgie vor den gewöhnlichen einen großen ſichtbaren Vorzug hat, und der Nachahmung anderer Gemeinen ausnehmend würdig iſt. Doch — wir zweifeln ſehr, daß dies Beyſpiel ſo, wie daſſelbe es würdig iſt, von andern proteſtantiſchen Gemeinen werde geehret werden. Es wird vielmehr angefeindet, getadelt und verkezert werden. Die Anhänglichkeit an das gewohnte Alte iſt noch zu ſtark, und die Furcht, durch die geringſte Aenderung, vom rechten Glauben abgeführt zu werden, hält noch zu gewaltſam den Menſchenverſtand derer, die hier zu ſprechen haben, gefangen.

Kirchenkronik

auf das Jahr 1784.

N° 6.

Den 10. May.

Strumpfveränderung.

Von Rom vernimmt man, daß die Cardinäle
keine rothe Strümpfe mehr tragen werden, weil
man zuverläßig erhoben, daß in Teutschland
noch vor ungefähr 40 Jahren eine gewisse Gattung Leute zur Strafe ihrer Ausschweifungen rothe
Strümpfe haben tragen müssen. Wir hoffen bald
in unsern Ländern, nicht nur keine rothe Strümpfe, sondern auch keine rothe Hüthe mehr zu sehen.
Eben dieser Brief berichtet uns, daß der
Abbé Zannetti und einige Prælati dome-
stici wider die teutschen Bischöfe und Pfarrer
sehr aufgebracht seyn, daß sie keine Altäre mehr
privilegiren lassen, man habe ihnen aber zur Antwort gegeben, daß, wenn die privilegirten Altäre
den armen Seelen im Fegfeuer etwas nützen, der
Pabst aus christlicher Liebe im Gewissen verbun-
den wäre, alle Altäre zu privilegiren, und zwar,
was ja nicht in der Feder bleiben darf, umsonst.

f

Predigerfanatismus

P. Wag *** predigte zu J ** auf das Fest des heil. Franz von Assis: und sagte. „ Franz „ seye größer als Christus gewesen, weil er die „ Verfolgungen und den Tod selbst aufgesucht „ hätte, hingegen wäre Christus aus dem Tem= „ pel gelaufen, als man ihn steinigen wollte, und „ vor dem Tod hätte er gar Blut geschwitzt. Die „ 5 Wunden hätte Franz länger als Christus „ am Leib getragen. — Kurz! das Leiden Christi „ wäre ein Leiden von 3 Tagen gewesen, jenes des „ heil. Franzen von mehrern Jahren. ꝛc. „ — Zu Bozen predigte ein Franziskaner im nem= lichen Ton: er sagte von dem heil. Franz. Daß er der verbesserte Christus wäre.

Wenn je noch die Inquisition Platz finden sollte, so soll sie wider solche Gotteslästerer alle ihre Wuth gebrauchen.

Daß es auch unter protestantischen Prediger Schwärmer gebe, davon hatte erst in den letzt verwichenen Osterfeyertagen einer den feyerlich= sten Beweiß abgelegt. — Er predigte vom Kreu= zestodChristi; und fand an demZettel, denPila= tus an das Kreutz hatte heften lassen, eine sinn= reiche Anspielung auf das Geheimniß der Drey= einigkeit Gottes. — Der Zettel war in drey Sprachen geschrieben hebräisch, lateinisch, griechisch. Die erste bedeutete Gott den Vater,

vermuthlich, weil er mit Adam und den Prophe-
ten des alten Bunds hebräisch gesprochen. —
Die zweyte: Gott den Sohn: vermuthlich,
weil er von Lateinern (den Römern) gekreuzigt
worden, oder weil die lateinische Kirche die
herrschende werden sollte. Endlich die dritte den
H. Geist: — vermuthlich, weil die Griechen
ihn läugnen würden. — Der gelehrte Mann hielt
sich noch lange dabey auf, ob die Buchstaben dieser Schrift von Gold, oder schwarz gewesen? —
Herr Jesu Christe! so fressen dann viele deiner
Kostgänger Heu und Haber, die nicht einmal
Stroh verdienen! —

Geistliche Trödelbude.

In Oesterreich, wo jtzt all der klösterliche
Plunder der aufgehobenen Mönche und Nonnen
auf der öffentlichen Versteigerung verkauft
wird, kann man das närrische Gezeug, — das
ehemals bey uns Teutschen in sehr großem Werth
stand — um den billigsten Preis kaufen. — Hier
ein kleines Verzeichnis!

a.) Eine andächtige Nonnenbibliothek,
besteht in folgenden Artickeln.

1.) Andachtsübungen zu dieser oder jener
Wunde Christi ins besondere. Z. B. zur
Wunde der linken Schulter: aus den
Offenbarungen der H. Brigitta.

2.) Zur Spannader des heiligen Geists:

aus dem Regelbuche der Aufgehobenen vom Regelhaus zu Innsbruck.

3.) Zur Länge des Fußes der Jungfrau Maria. Wenn diese jemand geküßt hat, so gewan er auf gütigste Verleyhung Johann des XXII. siebenhundert Jahr Ablaß. Klemens der VIII. hat diesen Ablaß bestätigt.

4.) Zur rechten Hand der heiligen Mutter Anna.

5.) Zum Mantel des heiligen Josephs.

6.) Zu den Stockzähnen der heiligen Apolonia.

7.) Zur Größe des heiligen Christophs.

8.) Zum Schulterblatt der heiligen Ursula.

9.) Zu den Augen der heiligen Ottilia.

10.) Zum Brevier der heiligen Gertrud.

11.) Zu den Brüsten der heiligen Agatha.

12.) Zum gebratenen Fleisch des heiligen Lorenz.

13.) Eine Sammlung verschiedener Erscheinungen, Offenbarungen und Gesichter, welche besonders den andächtigen Klosterjungfrauen zur Belohnung, wills Gott, ihrer unversehrten Jung-

frauſchaft ſehr freygebig zu theil ge=
worden. Wer allen dieſen Plunder zu=
ſammenkauft, bekommt ſelben um 4 Kai=
ſergroſchen.

b) Eine wohleingerichtete Mönchsapo=
theck für alle geiſtige Seelengebrechen.
Die vornehmſten Artikel darinn ſind:

1.) Himmliſches Mannatränkel zur gelin=
den Auflöſung für verſtopfte Sünder.

2.) Windtreibende Mixtur für Hoffär=
tige.

3.) Auserleſenes Myhrrenpüſchelein zu
einem herzſtärkenden Kräuterwein für
ſchwache Chriſten.

4.) Wunderbares Brechpulver für ſtum=
me Sünder.

5) Merkurius Sublimatus für die Luſt=
ſeuche der Seele.

Jeder dieſer Artikel koſtet wegen ihrer Selten=
heit 17. kr.

c) Zwölf Dutzend der auferbaulichſten
Ehr und Lobreden an der Gedächtniß=
feyer der Heiligen des Ordens, hin und
wieder mit Fabeln und ſinnreichen
Selbſterfindungen trefflich ausge=
ſchmükt.—3 Kaiſergroſchen das Dutzend.

d) Vierzig Centner geweihte Ablaß=

pfenninge — geweihte Bohnen — ge=
weihte Fieberbrode — geweihtes Oel
— geweihtes Mehl — geweihte Kräu=
ter — geweihtes Rauchwerk, —
geweihte Gürtel — geweihte Nägel —
geweihte Schlüssel. 2c. 2c. 2c. Der Centner
zu 3 fl. —

e) Siebenzig Centner Roßnägel, Glas
und Beckenschärben, welche in verschie=
denen Beschwörungen und Exorcis=
men von malefizierten Leuten per sedem
getrieben worden. Hat sein willkührliches
Pretium Affectionis.

f) Vier tausend Dutzent, dreyeckigte,
viereckigte, runde, gespitzte, pyrami=
dal= und zilinderförmige Amuletten,
von sonderbarer Kraft, durch welche
Gott und des nächsten Sache nicht
wenig befördert worden. 1 kr. das
Dutzend.

g) Rosenkränze mit fünf Absätzen, mit
sechs Absätzen, mit sieben Absätzen, mit
neun Absätzen, mit zwölf Absätzen,
mit fünfzehn Absätzen: worunter jeru=
salemische, brigittische, ignazische,
dominikanische, franziekanische, servi=
tische, crescenzische 2c. 2c. 2c. nach allen
heiligen Ordens= und Bruderschaftsfor=
meln eingerichtet. Das Dutzend zu 18
Kaisergroschen, weil sie noch nicht ganz ausser
Cours gekommen sind.

h) Skapuliere, schwarze, weiße, blaue grüne, braune, rothe, gelbe: — welche, wenn man sie alle auf einmal annimmt, im kältesten Winter einen Wamms ersparen. Von jeder Gattung 100 tausend Dutzent. Das Dutzend zu 12 Kreutzer, die braunen ausgenommen, welche höhere Weihung und Ablas haben. Davon gilt jedes Stück, wenn es ein armer Bauer ist, ein Pfund Schmalz, wenn es ein reicher Herr oder Frau ist, ein Pfund Caffe oder Schnupftobak. —

i) Fünfzig ausgemüsterte mirakulosen Bilder, die Blut weinen, die Augen verdrehen, denen die Haare wachsen, die auf einem unverweslichen Holz sitzen, die im Wald vom Vieh oder Menschen gefunden worden; — sammt zwey hundert wächsernen Christkindlein, die in verschiedenen Nonnenklöstern geredt, geweint, gelacht oder gehustet haben, samt ihren Spitzmanscheten, gutpordierten Röckgen und Peruquelein, werden als Zugabe geschenkt, und wird nur das Röckgen nach seinem innern Werth bezahlt.

k) Endlich 10 die schönsten Krippen zur Weyhnachtszeit zu gebrauchen samt der wahren Abbildung des Ochsens und Esels und andern Figuren in Lebens-

größe. Nach der berühmten Erfindung Sr. Hochwürden Paternität Hr.
Pater Exprovincial M. ** L. *** der
Wohlehrwürdigen P. P. Franziskaner St.**Provinz. — Wird blos offerentl
verkauft.

Auch ist zu versteigern eine schöne Sammlung Kirchenmusikalien, bestehend in Hoch-
ämtern, Vespern, Littaneyen, teDeum, mi-
serere ꝛc. ꝛc. ꝛc. aus verschiedenen Nonnenklöstern zusammen getragen. — *) Samt einem
veni sponsa mit Trompeten und Paucken.
Del Signore Marco Cornaro. 1694.

*) Weil hier eben von der Klosterfrauen Kirchenmusik
Meldung geschieht, welch eine Herzenslust war es
nicht so eine jungfräuliche Baßstimme, und die anmuthige Geigerey einer alten Chorjungfer mit anzu-
hören! da sang eine junge Candidatin so fein als ein
Loretoglöckel, die Novizenmeisterin tief, wie ein alter
Violon. Schwester Hiacintha sang durch die Nase,
als hätte sie eine Sardine darauf stecken: Schwester
Basilika geigte ein Falset dazu, und kratzte auf ihrem
verstimmten Nudelbrett zum davonlaufen. Der
Schwester Agatha sprang oft die Saite ab, just da
sie selbe am nöthigsten brauchte; und Schwester
Angelica bließ in die Trompeten, daß ihr nicht nur
einmal ein Unglück drohte. — Welche Freude
muß wohl eine solche Musik den heiligen Engeln
im Himmel verschaft haben?

Noch mehrere dieser zu versteigernden Artikel,
besonders von Klostermobilien werden in den
folgenden Blättern dieser Kronik bekannt gemacht werden.

Kirchenkronik

auf das Jahr 1784.

N⁰ 7.

Den 17. May.

Mönchsprofession. *)

*) Wie sie bey den Serviten üblich ist.

Daß die Mönchsprofessionen überhaupt eine geistliche Hanswurstiade seyen, wird niemand leugnen, der jemal eine gesehen hat. — Doch ein Beyspiel wird die Sache besser aufklären! —

„ Vor dem Meßopfer begeben sich die Novi-
„ zen in die Sakristey, und werden dort von
„ demObern ausgezogen, und legen den Mantel,
„ die Kapuze, das Skapulier, das ist, den Ha-
„ bit und die Gürtel ab, welches alles sammt
„ dem Breviere, Rosenkranz, hölzernen Kreuze,
„ Geisel und Zilizium auf einem Tische neben
„ dem Altare gestellt wird. Zur gehörigen
„ Stunde geht der Obere in priesterlicher Meß-
„ kleidung zum Altare. Voraus, und in der
„ Mitte der Altardiener gehen die Novizen von
„ ihrem P. Meister und andern Brüdern be-
„ gleitet. In der Mitte des Altars knien sie an

g

„ dem für sie bereitetem Orte nieder, und woh-
„ nen der Meſſe bey. Wenns zur Opferung (aus-
„ ſchließlich) kömmt, ſitzt der Obere an der Evan-
„ geliumsſeite, und redet den Novizen alſo an :

Der Obere.

„ Geliebteſter Sohn, nun ſeyd ihr von dem
„ Habit der H. Religion ausgezogen, und kön-
„ net euch wiederum in die Welt begeben, oder in
„ der H. Religion verharren, erwählet nun,
„ was euch beliebet. *)

*) Warum muß er dieſes erſt vorm Altare, und
ſonſt nie hören? Im bloßen Hemde wird er euch
ja vor allen Leuten nicht davon laufen.

Der Novize.

„ Ich habe erwählet, vielmehr verworfen zu
„ ſeyn in dem Hauſe meines Gottes, als zu woh-
„ nen in den Wohnungen der Sünder. *)

*) Alſo die Klöſter ſind das Haus Gottes, und
alle Häuſer der rechtſchaffenſten Weltleute, Wohnungen der Sünder? Der Gerechte fällt ſie-
benmal des Tags, und was müſſen erſt die
Mönche ſeyn, weil ſie keine Sünder ſeynd? —
Eingefleiſchte Engel! und gleichwohl ſah ich
dieſe eingefleiſchte Engel ſich wie ein Vieh beſau-
fen, wie die Laſtträger raufen, wie die Kräutel-
weiber beſonders über Monarchen ſchimpfen,
auf Mord und Brand fluchen, ſpielen, ꝛc. ꝛc. ꝛc.

Der Obere.

„ So ſeyd ihr gebenedeyet in dem Herrn, die-
„ weil ihr einen guten Theil erwählet habt, ſo

„ von euch nicht wird genommen werden; gleich-
„ wohl habt ihr zuvor drey Ding zu wissen.

„ Erstlich daß wir alle, so bey dieser eurer Pro-
„ fession anwesend seynd, am Tag des letzten
„ Gerichts wider euch zeugen werden, im Fall
„ ihr dasjenige, was ihr zu verloben vorhabens
„ seyd, nicht halten solltet.

„ Zum andern habt ihr nothwendig zu wissen,
„ daß ihr nach abgelegten Gelübden weder eignes
„ Wollen noch Können weiter haben werdet,
„ sondern als ein der Welt und euch selbst abge-
„ storbener in allen eurer Obern Willen folgen
„ müsset.

„ Drittens habt ihr euch also zu verhalten,
„ daß ihr in allen, und vor allen ein Exempel
„ der wahrhaften Tugend und Heiligkeit erschei-
„ net, auch von Tag zu Tag von einer Tugend
„ zur andern schreitet. *)

*) Hätte er versprochen, daß er von Tag zu Tag
von einem Mütterchen zum andern schreiben
wolle, um ihrer Einfalt das Geld abzulocken,
und arme Erben zu bestehlen, dann würde er
sein Versprechen gewissenhaft erfüllt haben, aber
Tugend und Mönch! Wahrhaftig man hat schöne
Proben gesehn!

Der Novize.

„ Ich kann alles in dem, der mich stärket, Chri-
„ stus Jesus, und will mit der Hülf Gottes meine

„ Gelübge dem Herrn bezahlen die ganze Zeit
„ meines Lebens.

„ Darauf kniet der Obere nieder und singt den
„ Hymnus Veni Creator &c. und segnet die
„ Kleidung, worunter er einige andere Gebete
„ betet, indeß der Novize in der Gestalt eines
„ Kreuzes vor dem Altare liegt. Nach Endigung
„ dieser Sachen geht er zum Altare und wird
„ angezogen.

„ Bey der Tunik spricht der Obere: Nehmet
„ hin, geliebtester Sohn! den langen Rock zum
„ Zeichen der geistlichen Zucht, und Ehrbarkeit. *)

*) Ist zu wünschen! Indessen ists nicht mehr,
als 3 oder 4 Ellen groben Tuchs, in dem nun sehr
oft der schmutzigste Kerl steckt.

Bey dem Gürtel.

„ Nehmet hin die Gürtel der Lenden zum Zei-
„ chen der Keuschheit *) und des Gehorsams;
„ denn zuvor seyd ihr gegangen, wohin ihr
„ gewollt habt, jetzt aber, da ihr umgürtet seyd,
„ wird euch ein anderer führen, wohin ihr nicht
„ wollet.

*) Man pflegt zu sagen, ein saurer Wein bedarf
eines Zeigers.

Beym Habit und der Kapuze.

„ Nehmet hin den Habit der Saubrigkeit, *)
„ und den Deckel des Häupts zum Zeichen der

„ Demuth, auf daß ihr also bekleidet, dasjenige
„ fleißig haltet, was euch von den geistlichen Sa-
„ zungen und der Obrigkeit anbefohlen und ge-
„ boten wird.

•) Der saubere Habit und der niedliche Deckel
des Haupts, das ist die Kapuze, mögen zu Be-
obachtung der Sazungen vieles beytragen.

Bey dem Mantel.

„ Nehmet hin den schwarzen Klagmantel zum
„ Zeichen der Abtödtung und Buß und zur Ge-
„ dächtniß der großen Schmerzen der seeligsten
„ Jungfrau, welche sie unter währendem Leiden
„ und Sterben ihres liebsten Sohns ausgestan-
„ den hat, damit ihr dieses gegenwärtige Leben
„ möget in Geduld hindurch bringen, zu dem
„ künftigen aber ein stetes Verlangen tragen. “

„ So angezogen lese er mit lauter und vernehm-
„ licher Stimm die Glaubensbekänntniß: Ich
„ glaube und bekenne mit beständigem Herzen ꝛc.
„ bey den letzten Worten: das verheiße, gelob
„ und schwöre ich N. als mir Gott helfe, und
„ seine Heilige. Worauf er mit der rechten
„ Hand das Evangelium berührt und küßt.

„ Dann macht er sogleich in diesen Worten
„ Profession:

Die Fortsetzung folgt.

Himmlischer Präcedenzstreit der Reformirten.

Vor einiger Zeit starb im Rheinthal ein reformirter Bauernbursch von gutem Ruf. Vielleicht, war er auch bemittelt, und eben dieß nach Rabener der Beweggrund für den Hrn. Pfarrer, seine beste Leichenpredigt bey ihm zu wiederholen. Kurz der Leichenredner erhob des verstorbenen Tugenden, prieß ihn mit ziemlich vollen Backen seelig und wies ihm im Himmel eine hohe Stelle an. Nach der Leichenpredigt kamen die Gemeinds-vorsteher, die Bischöfe ihres Orts zum Hr. Pfarrer, und kündigten ihm den Dienst auf, weil er den verstorbenen Bauerburschen, der doch noch lange kein Vorsteher gewesen, so hoch in Himmel hinaufgesetzt habe. Wo sollen wir, sagten sie, die wir doch ganz andre Leute sind, einst hinsitzen? Wollte der gute Pfarrer noch ferner bleiben, was er war, so mußte er folgenden Sonntag seinen selig gesprochenen Beichtsohn um so vieles von seinem himlischen Platz zurücksetzen, als er glauben konnte, seine Obern wären damit zufrieden. Artiger Beweis von der sonst so gerühmten Aufklärung der Reformirten. Pöbel ist überall Pöbel — nur in der Schattirung verschieden.

Etwas zu Beförderung der Priesterehe.

Ein junger rüstiger Mann, dem sein gährendes Blut, und seine schwellende Muskeln laut sag-

ten, daß er nicht vor das Câlibat gebohren seye,
gab erst jüngst in der Hauptstadt Rom, also im
Angesicht des ganzen verstümmelten Kirchenraths
eine Schrift heraus, in welcher er beweißt, wie
nothwendig es seye dieses Kirchengebot auf:
zuheben. Der Gegenstand dieser Abhandlung
ist sehr wichtig, und zeigt mit einer des großen
Stofes würdigen Beredsamkeit, welche schädliche
Folgen dieses Gebot der Kirche veranlaßt habe;
auch setzt der Verfasser jedem Einwurf starke und
unwiderlegbare Gründe entgegen. Das ganze
Ding lauft da hinaus; gieb den Priestern, was
Gott ihnen niemal versagt hat! — laß die lausi:
gen Mönchen in Gottes Namen laufen, die die
Kutte drückt, und schreib denen den Abschied, die
unwürdige Herolde der göttlichen Wahrheit wa:
ren! das Büchelchen ist so gut, so gemeinsinnig,
so zeitmäßig geschrieben, daß es gewiß, auch ohne
die Empfehlung eines gedungenen Krittlers ab:
gehen wird. Die Römer wollen erst abwarten,
wie dieser Vorschlag in deutschen und anderen
Ländern aufgenommen werde, um alsdann —
auch mitzumachen; — nach dem teutschen Sprüch:
wort: wie des Fuggershund!

Die Kapuze am Hof und auf'm Katheder!

Kein Stand der Kirche ist in sich selbst so wich:
tig, und ehrwürdig, und keiner ist doch so ent:
ehrt und so tief herunter gesetzt, als der Stand

der Weltpriester! — Alle Predigtstühle, besonders in Städten, ja selbst die Domkanzeln sind
alle den filzigen Bettelmönchen eingeräumt. Die
meisten Lehrkatheder sind von Mönchen besetzt. —
Nimm dir nur Bayern zum Beyspiel — Groß-
Pönitentiarius, und Hofbeichtvater ist gewöhnlich auch ein Kuttenpriester. — Wem solls wun-
dern, wenn der Weltpriesterstand verdächtlich geworden, wenn selbst Bischöfe die Mönche als
ihre Liebling im Schoos herumtragen, und ihre
eigne rechtmäßige Söhne verstoßen und enter-
ben? —

Wie können doch Bischöfe diesen Fremdlingen so
geneigt seyn, die meistens von ihrer Macht exempt
sind, und die Bischöfe nur in soweit ehren, als sie
ihr Intresse dabey finden, sonst aber vermöge ihrer
Statuten und Privilegien sich jedesmal gegen die-
selbe ungehorsam und widerspenstig bezeigen? —
Heißt das nicht Schlangen im Busen nähren, da
sie anderseits ihre wahren Pflegkinder, diejenige, die
ihnen bey der Ordination Ehrfurcht und Gehorsam
geschworen, ganz auf die Seite setzen? —

Neapel.

Briefe aus dieser Hauptstadt bringen die höchster-
bauliche Nachricht, daß den ersten May, als am
Einsetzungstag ihres großen H. Schutzpatronen Ja-
nuarius, dessen gestocktes Blut zum ewigen Seelen-
trost aller Neapolitaner, als es dem Haupt des Mar-
tyrers, wie gebräuchlich, vorgesetzt worden, wieder hell
aufgewallet habe. — Siehe über diesen Artickel Fau-
stins philosophisches Jahrhundert.

Kirchenkronik

auf das Jahr 1784.

№ 8.

Den 24. May.

Fortſetzung des Servittennovißiats.
Profeſſion des Ordens.

„ Ich Bruder N. ein Sohn N. in der Welt
„ genannt N. der ich den Habit der Novißen in
„ dem Orden der Diener unſrer lieben Frauen
„ ein ganzes Jahr hab angetragen, nunmehr N.
„ Jahr alt, nicht aus einem Zwang, Gewalt,
„ Furcht oder Irrthum bewegt, ſondern willig,
„ frey, und mit gutem Wiſſen *) thue ich Pro=
„ feſſion, und verſpreche Gott dem Allmächtigen
„ und der allerſeligſten Jungfrauen Maria,
„ und Euch Wohlehrwürden Pater. N anſtatt
„ des hochwürdigſten P. Generals **) der Diener
„ unſer lieben Frauen, und euren Nachkomen,
„ den Gehorſam und die Keuſchheit zu halten,
„ und ohne Eigenthum zu leben, nach der Regel
„ des H. Auguſtini, und den Conſtitutionen der
 h

*) Drey Lügen hintereinander.
**) Dieſen wird er wohl in ſeinem Leben nicht
ſehen.

„ Diener unſer lieben Frauen deutſcher Obſer-
„ vanz; dann auch nach den Saßungen des all-
„ gemeinen heil. tridentiſchen Conciliums *) die
„ ganze Zeit meines Lebens. Alſo helfe mir Gott,
„ und ſeine Heilige.

„ Worunter er wieder das Evangelibuch be-
„ rührt und küßt.

*) Beym Himmel, da weis der gute Jüngling
kein Wort davon.

Der Obere ſagt.

„ Und ich, wenn ihr alles dieſes halten werdet,
„ verſprich euch im Namen unſers Herrn Jeſu
„ Chriſti das ewige Leben Amen. *)

*) Nur nicht zu freygebig Euer Hochehrwürden!
ich glaub, man kann von ihnen ohne Spott ſagen:
alios ſalvos fecit, & ſeipſum ſalvum facere
non poteſt. Dieſes nur ſagen ſie mir zur Güte
ob denn Chriſtus die Seligkeit auf euere Kapu-
zen, Gürteln und Bärte geſetzt hat? Ich leſe zwar:
Der meine Gebote hält, der liebet mich,
und den werde ich vor meinem Vater ver-
herrlichen. Aber ich hab nirgends geleſen, daß
er dieſes von euren Saßungen geſagt hätte.

„ Worauf er den Novitzen aufs neue mit die-
„ ſen Worten ermahnt:

„ Sehet mein geliebteſter Sohn! nun ſeyd
„ ihr geſchrieben in die Zahl der Diener unſer
„ lieben Frauen, und worden ein Mitglied der

„ H. Religion, sowohl als wir *) dieweilen aber,
„ wie der selige Job spricht: das menschliche Le-
„ ben ein immerwährender Streit auf Erde ist,
„ so müßt ihr ingleichem mit uns streitten wider
„ die Erbfeinde, als den Teufel, die Welt und
„ euer eignes Fleisch **). Dieses zu überwinden,
„ sehet allhier sind die Waffen, so euch gänzlich
„ vonnöthen, zugegen, damit ihr sicherlich über-
„ winden und obsiegen könnet ***).

*) Ein Mitglied der H. christlichen Religion —
das war er vorhin durch die Taufe worden, und.
neben dieser Religion giebts keine andere Religion.
Diener Mariä — wir alle verehren Maria, und
dienen Gott.

**) Heut haben euer Hochwürden P. Superior eine
hübsche Gelegenheit des Streits; denn am Profeß-
sionstag ist ein starkes Duplex zur Mittagszeit, da
möchte ihnen das Fleisch eine gewiße Ungelegenheit
machen.

***) Die arme Christenheit vor der Mönchenüber-
schwemmung! Sie hatte wirkliche Kämpfe zu käm-
pfen, nicht die man sich selbst macht; und doch hatte
sie diese unfehlbare Waffen zu überwinden nicht, das
ist: den allerheiligsten Rosenkranz, du Königin
des allerheiligsten Rosenkranzes bitt für uns, und
das Brevier, dieses zweyspitzige Schwerd dieses
Wort Gottes, in welchem du glücklicher Profeß, besonders im zweyten Nocturn deinem Gott täglich
die schönsten Lügen erzählen wirst, Lügen, die dem
Erfindungsgeist der Mönche Ehre machen, und die
mit so guter Wahl gesammelten Legenden des Breviers.

Der Obere giebt ihm den Rosenkranz und das Brevier, und sagt:

„ Nehmet hin das zweyspitzige Schwerd (wel-
„ ches das Wort Gottes ist) wider den Teufel,
„ der euch nachstellen wird, denn Christus der
„ Herr sagt: wachet und betet, damit ihr nicht
„ in die Versuchung fallet.

Zum Kreutz.

„ Sehet das Holz des H. Kreutzes, an wel-
„ chem unser Heil gehangen, dieß sollet ihr ge-
„ brauchen wider die Welt, euern andern Feind,
„ den ihr in diesem Zeichen gleichfalls überwin-
„ den werdet, denn der H. Johannes spricht:
„ dieß ist der Sieg, welcher die Welt überwin-
„ det, euer Glaube.

Die Fortsetzung folgt.

Akt der Demuth.

Am 10. May hat der päbstl. Nuntius Mon-
signor Firao zu Venedig seinen apostolischen Einzug gehalten, der nicht prächtiger hätte seyn können. Eine unüberschauliche Menge Volks lief
sogleich zusammen, wie in Wien im verflossenen
Jahr, als die große Risin daher kam. Auf den
Abend gab der Nuntius in seiner Residenz ein
auserlesenes Suppee, welches in lauter Sorbeten

und Ruf-Frescht bestand, bey welchem sich der durchlauchtigste Doge mit der ganzen Signoria, ja auch der König von Schweden eingefunden. Diese Ehre ist sogar den zwey Apostelfürsten Petrus und Paulus, als sie ihren feyerlichen Einzug in Rom hielten, nicht wiederfahren. — Der päbstliche Nuntius hat in Venedig vor allen andern Bottschaftern den Rang, aber in andern Ländern nicht, wo man sogar behaupten will, daß seine ganze Gegenwart, nachdem die Bischöfe ihre Kirchen an Christi Stelle regieren, überflüßig seye. — Es wäre wohl zu verschmerzen, wenn ihre Gegenwart nur überflüßig wäre; allein wir getrauen uns zu behaupten, daß sie auch dem Staat, der Kirche und der Litteratur schädlich seye. Dem Staat zwar, weil sie die Cabinete und Geheimnisse theils mit ihren eigenen Luxaugen, theils durch ihre Handlanger, besonders die Mönche, die in allen Häusern, wie die Katzen herumstreichen und belauern, und nach Rom berichten. Der Kirche, weil sie in die bischöfliche Rechte Eingriffe thun. Der Litteratur, weil sie die besten Bücher und Documenten zusammenkauffen, und nach Rom verschicken.

Wer weis nicht, daß Garampi, päbstlicher Nuntius in Wien der gröste Buchverleger sey, und um viel tausend und tausend Gulden Bücher nach Rom spedirt habe. — Es ist demnach von diesen Leuten gar kein Nutzen, sondern eher viel Schaden zu befürchten. Die Geschichte, das

Licht der Welt, giebt uns hievon die unumstöß=
lichsten Beweise. Man lese nur die Briefe, wel=
che Kaiser Friederich der Rothbart an das rö=
mische Reich, und selbst an den Pabst Hadrian
den Vierten geschrieben, wo er unter andern
sagt: daß die päbstlichen Legaten nicht nach
Deutschland kommen, das Evangelium zu
predigen, sondern das Gold, wie die Räu=
ber aus den Kirchen hinweg zu tragen *).
Ja die engländische Nation hat durch ihre Ab=
gesandte an den ersten Kirchenrath zu Lugdun
dem Pabst Innocenz dem Vierten ins Ange=
sicht sagen lassen: daß sie nicht mehr im Stand
wäre, die Aussaugungen und Gelderpres=
sungen der päbstlichen Legaten auszuhal=
ten; indem es wirklich soweit gekommen,
daß die päbstlichē Legaten eine größere Geld=
summa an sich bringen, als selbst der Kö=
nig, der Herr des Reichs **). Aber gottlob,
diese Zeiten sind vorbey.

*) Fleury 17ten Band. 298 S. item 17ten Band.
    316 S.
**) Fleury 20ten Band. 493 S.

Ein Uebelthäter wird durch Berührung
eines Franziskanerhabits vom Tod errettet.

Daß die H. Skapuliere, sowohl schwarze als
braune eine wundergroße Kraft zu Wasser und
zu Land haben, wissen wir schon lang aus sichern
Mönchsurkunden. Im 13ten Jahrhundert, in

welchem die himmlischen Tuchfabricken hienieden
bekannt worden, kam dieses Manna vom Him=
mel; ja Pabst Johann XXII. gab den Carme=
liten, in Rücksicht des braunen Skapuliers,
welches vorn und hinten hinabhängt, das seltene
Privilegium, welches Clemens VII. im Jahr
1530. bestätigte, daß keiner aus ihnen länger,
als bis den nächsten Sonntag nach seinem Tod im
Fegfeuer bleiben dürfe. — — Daß aber auch
der dicke kastanienfarbe Franziskanerhabit so was
ganz besonderes in sich habe, erfahren wir erst
itzt. Zu Genua wurde am 28ten April einem
Uebelthäter das Leben abgesprochen. Der elende
Sünder wollte vor seinem Ende einem Franzis=
kaner seine übrige Kleinigkeiten erzählen, denn
seine Diebstähle und Todtschläge waren schon
ehevor bekannt. Zur Zeit der H. Beicht, als
ihm die Fesseln, wie gewöhnlich, aufgelößt wur=
den, nahm er seinen Strumpf, den er schon eine
geraume Zeit zuvor mit harten Brodstücken an=
gefüllt hatte, schlug selben dem Franzenssohn um
die Schläfe, erdrosselte ihn sodann vollends mit
seinem eigenen Strick, zog das seraphische Bund=
röcklein an, (sein Kopf war schon ehevor gescho=
ren) und paßirt so ganz natürlich mit aufgesetzter
Kaputze durch die Wache avanti. Wenn dies
Ding öfters geschieht, wird die Ohrenbeicht,
ohne daß Herr von Eibel darwider schreibt, von
selbst abkommen.

Vögel aus dem Käfig.

Endlich sind auch die Klosterfrauen zu Castell
und Crimella im mailändischen Gebiet aus ihrem Käfig entwitscht. Ihr Vergnügen kann man
sich leichter vorstellen als beschreiben. Das ganze
Aufhebungsgeschäft zwischen dem k.k. Commißa-
rius und den Nonnen zu Crimella soll mit lauter Texten aus der H. Schrift behandelt worden
seyn, welche wir hiemit anführen.

COMMISSARIUS.

Attollite portas vestras, ecce adsum.

ABATISSA.

Ne irrascatur Dominus meus, quod coram te af-
surgere nequeo, quia juxta consuetudinem fæmi-
narum hunc accidit mihi. *Gen.* 29. *v.* 32.

COMMISSARIUS.

Respicite & levate capita vestra, quia appropin-
quat redemptio vestra. *Luc.* 21. *v.* 28.

VICARIA.

Præceptor quando hæc erunt? *Luc.* 21. *v.* 28.

COMMISSARIUS.

Hodie mecum eris. *Matth.* 25.

SUBVICARIA.

Vidit Dominus humilitatem meam, nunc ama-
bit me vir. *Gen.* 29. *v.* 32.

CHORUS.

Benedicamus Patrem & Filium cum S. Spiritu,
quia fecit nobiscum misericordiam suam.

Neue Holländerdukaten.

Man sagt, die Holländer wollen eine Million
neue Dukaten mit dem Gepräge des heil. Geistes
schlagen lassen, damit in der Bischofswahl zu Lüt-
tich keine Simonie unterlauffen könne.

Kirchenkronik

auf das Jahr 1784.

N° 9.

Den 31. May.

_____

Bischof von Triest.

Der Bischof von Triest, Graf Inzagi Excellenz, ist auf Befehl des Kaisers nach Görz übersetzt worden. Se. päbstl. Heiligkeit haben an dem resignirten Bischof von Görz, Grafen von Attems, einen starken Flügelmann verlohren.

Heiliges Schweifstücklein eines Fisches.

Von der Zeit an, daß das königliche Stift zu Hall aufgehoben worden, wird eine erbauliche Religionsübung unterlassen, bey welcher manche andächtige Bürgerseele einen Trost hatte. Am vierten Sonntag in der Fasten, Lætare genannt, wurde ein vier Finger langes Schweifstücklein jenes Fisches, mit welchem Christus in der Wüste etliche tausend Menschen gespeißt hatte, in einer silbernen Monstranz zur öffentlichen Verehrung ausgesetzt, und manche hatten auch das Glück, selbes zu küssen. Itzt nicht mehr: — ach! ach! Die Autentik von der Eigenthümlichkeit dieses

Fisches

Fisches wird vermuthlich in einer Brunst, wie
viele andere zu Grund gegangen seyn. — Viel=
leicht ist es gar ein Schweifstücklein jener Stock=
fische, denen der heil. Anton von Padua eine
schöne Predigt gehalten hat.

Theologischer f. v. Misthauffen.

Die in Schweinleder gebundene loyolitische
Theologen eximius Swarez, acutus Vasquez,
insignis Molina, purissimus Sanchez und
irruinibilis Monschein sollen zu London, weil
die lateinische Auflagen bey so verderbten Zeiten,
die wir itzt erleben, keinen Abgang haben, in das
englische übersetzt werden. Vielleicht machen diese
Werke in dieser Umkleidung ein besseres Glück.
Die Kosten dieser neuen Auflage, welche vermuth=
lich in Silberdruck seyn wird, werden wohl die
Jesuiten, die neuerdings in Rußland aufgekom=
men sind, hergeben, und die ganze Auflage ihren
indianischen Märtyrern wiedmen.

Bekehrung des P. Merz.

Ein guter Freund von Augsburg versichert uns,
daß der unvergleichliche Vater Merz an der Ver=
besserung, ja gleichsam Wiederrufung eines histo=
rischen Fehlers arbeite, welcher ihm (wie halt
quandoque bonus dormitat hiulcus) aus sei=
ner très admirablen Feder entwischt ist. In sei=
ner Predigt: Was ist der Pabst? sagte er am
9ten Blatt, daß der Kirchenrath zu Calcedon
den Pabst Leo einen allgemeinen Bischof, uni-

verſalem episcopum genennt habe. Nein, Herr
Vater! nicht der Kirchenrath, ſondern Theodorus
ein Diakon, welcher eine Klagſchrift wider den
alexandriniſchen Biſchof Theophilus dem Kirchenrath übergeben, hat ihn ſo geheiſſen. Die
Klagſchrift iſt den Akten des Kirchenraths einverleibt unter dieſem Titel : Libellus Theodori
Diaconi Alexandrini ad Leonem Papam &
Concilium, Univerſali Archiepiſcopo & Pa-
triarchæ M. Romæ Leoni. &c. Wir wiſſen,
was für Titulaturen dergleichen Halbgeiſtliche ans
Licht bringen, wenn ſie ohne Briefſteller an einen
Biſchof, oder gar Pabſt ſchreiben. Ein Suppli-
cant hat vor etlichen Jahren an das brixneriſche
Conſiſtorium die Zuſchrift gemacht. Reveren-
diſſimo, Doctiſſimo, ac alte facto Domino
Domino Conſiſtorio &c. — Der Kirchenrath
zu Calcedon gab dem Pabſt ganz einen andern
Titel, wie aus den Akten dieſes Kirchenraths satt-
ſam erhellt, neinlich dieſen : Sanctiſſimo & Bea-
tiſſimo Romanorum Archiepiſcopo Leoni.
Dem heiligſten Erzbiſchof der Römer Leo.
Man beſehe hierüber die labbäiſche Sammlung der
Concilien am 4ten Band 1774. S. Ferners macht
der dickbenannte Vater Merz ſoviel Weſens aus
dem, daß die Väter des calcedoniſchen Kirchenraths bey Ableſung eines Briefs des Pabſt Leo
aufgeſchrien haben: dies iſt der Glaube der
Väter: Petrus hat durch den Mund des
Leo geredt. ꝛc. Er ſchweigt aber von dem, daß,

als die päbstlichen Gesandte verlangten, man solle
diesen Brief in die Glaubensformel einschalten,
eben diese Väter in der 5ten Session aufgeschrien
haben, die schon aufgesetzte Glaubensformel
ist gut genug und hinlänglich für uns: wenn
sie ihnen nicht behagen will, sollen sie hinge-
hen, wo sie hergekommen sind: Nobis anti-
qua Patrum formula sufficit: siqui aliter sen-
tiant, ipsi Romam abeant. Man besehe hierüber
den Labbäus, Mansi, Fleury, auf welche wir
uns beziehen. Uns gefällt die Ehrlichkeit des
Mannes, daß er seine öffentliche Fehler öffentlich
widerruft. Wenn er seine Schreiberey fortsetzt,
wird er uns schon öfters diesen Spas machen.
Wir verhoffen das nemliche von dem hönigfliessen-
den Vater Fast in Wien. A bove majori discit
arare minor.

Grabschrift eines Kapuzinerbruders.

Hier liegt der Frater Michl,
Der Tod kömmt mit der Sichl,
Schneidt von dem M ein Strichl,
So heißt er Frater Nichl.

Becken-Schneider und Schuster-Begräbnisse.

Die Begräbnisse, welche zu Madrid so prächtig,
als immer möglich waren, werden nun auch,
wie in andern Ländern, eingeschränkt. Manche
Familien wurden durch so verschwenderische Erde-
bestattungen fast erarmt, so daß einige auf den

Gedanken verfielen, ihre Todten, wie die indiani-
sche Vögel ausbalgen zu lassen. Itzt macht man
mit den todten Körpern nicht mehr viel Compli-
mente, sondern setzt nur ein Zeichen auf die
Todtensarge, aus welchem man erkennen kann,
wessen Standes der Verstorbene gewesen sey: z. B.
einem Speccereykrämer einen Zuckerhut mit 3. ff.
einem Becken eine Bretzen, einem Kürschner einen Fuchsschwanz, einem Schneider eine Geiße,
und dem Schuhmacher gleichwohl einen lakirten
Stiefel, fast wie man den Priestern einen Kelch,
und den Mönchen eine Kapuße auf die Todten-
bahre hinsetzt.

Neue Erfindung.

Zu Cantabry ist am 16ten April bey Gelegenheit eines neuen Gebäudes, welches man neben
der Kirche, St. Georg genannt, aufgeführt hat,
ein Kirchenstuhl erhoben worden, der wegen seiner
ausserordentlichen künstlichen Bildhauerarbeit
von allen Kunstkennern die Worte erzwungen, daß
sie nicht im Stande wären, eine solche Arbeit zu
verfertigen, und doch heißt es immer, die Künste
sind auf das höchste gestiegen. Vielleicht ist dieser
Stuhl eben einer aus jenen, welche zur Zeit, da
der ehrwürdige Beda predigte, aufgeschrien haben: Amen, amen! venerabilis Beda! Wahrlich, wahrlich! ehrwürdiger Beda *).

*) Man besehe hierüber die Legenden der Heiligen,
welche uns versichern, daß Beda aus dieser Ursache der Ehrwürdige genennt werde, weil
die Stühle, denen er einstens geprediget hat,
diese Worte ihm zugerufen haben.

Um die Mönche, an deren Kenntniß uns vieles gelegen, beſſer kennen zu lernen, werden wir uns befliſſenſt angelegen ſeyn laſſen, einige Mönchs‑briefe, welche von Zeit zu Zeit ſo von ungefähr in die Hände kommen, bekannt zu machen.

Es zeigt ſich von ſelbſt, das ſchmutziger Geſuch, Heuchelen, kriechendes Weſen, Betteley, und Unvergnügenheit die eigentliche Züge ihres Charak‑ters ſind. Wir führen keine andere Briefe an, als deren Original wir in Händen haben.

Briefe eines iner, daß iſt Auguſtiner von Müllen, an ſeinen Vater Johann Paul Wolf in Hall 6. Sep. das Jahr iſt nicht angezeigt.

L. J. C.

Inſonders Hochgeehrter herzallerliebſter Herr Vater. ꝛc.

Ueberbringer dieß Hr. Joh. Baptiſt Gailler, Verwalter des hochfürſtlichen St. Johann Spi‑tal allhier, hat mich erſucht, an meinen liebſten Hr. Vater zu addreſieren, um daſelſt wegen mei‑ner habenden Erbſchaft (wie von ihm das mehrere zu vernehmen) einen Fingerzeig zu überkommen. Geſchehete mir ein ſonderbare Gefälligkeit, wenn ihm einige Ehre bewieſen, und einmal (unmaß‑geblich) zu Tiſch geladen würde, maſſen ich auch öfters dahin zu kommen pflege. Er iſt ein luſtiger Mann, beſondes, wenn er ein wenigen Hibes hat, da iſt er budelnärriſch; übrigens ein sonderer Patron unſers Kloſters. Ich habe auch die Frau Mutter erſucht, mir etliche Viertel Brandwein zu überſenden, weilen aber weder Antwort, noch der liebe Brandwein kommt, ſo bitte ich nochmals eine Pazeiden, nebſt ſoviel Muskat zu erkaufen, das Geld vor ſolchen wird Herr Verwalter erlegen, dem ich es allhier bonificieren werde. Bitte auch durch einen tridentiniſchen Fuhrman (denn faſt täglich einige vorbeyfahren) mir ein halbbußent Karten Radica fino oder Santi Patri Toback zu beſtellen, maſſen dieſer Toback mir ſehr wohl bekommt, beſonders in Chor, wo man hintereinander ſtehen muß, und manchsmal ein unerträglicher Geſtank iſt. Anſonſten berichte ich, daß ich wegen übermäßiger Hoffart meines ißigen Priors, der im geringſten nichts verſteht, und dennoch mit mir kalmeiſen will, nit mehr hier und bey meinem ſo gefährlichen Officio zu bleiben geſinnt bin, auch um Amotion bey R. P. Provinciali angehalten: wohin aber ich kommen werde, kann dermalen nicht wiſſen, förchte aber es werde nicht viel Gutes von einem Ort ſeyn, weilen ſie mich nicht entlaſſen wollen, doch frage ich nichts darnach, mir gilts gleich, bitte ſolches niemand zu ſagen, *) womit mich gehorſamſt empfehle.

Demüthig gehor
ſamſter Sohn Fr. Johann
Paul. Aug.

*) Nein, ſagen nit, ſondern nur drucken laſſen.

Weiß und Manier Chocolade zu bekommen.

Dame. **Mendikant.**

Mend. Unterthänigster Diener Ew. Excellenz! habe ich Erlaubniß meine unterthänigste Aufwartuug zu machen?

Dame. Sie sind mir zu tausendmal willkom: men, setzen sie sich nieder, darf ich sie mit einer Taffe Caffe bedienen?

Mend. Ich küsse Ew. Excellenz die Hände, ich darf keinen trinken, er ist mir zu hitzig.

Dame. Oder beliebt Ew. Hochwürden! lieber ein Chocolade?

Mend. Ich pflege auch keinen zu trinken, son: dern nur zuweilen ein Bißgen zu essen we: gen meinem Magen, ich habe gar so einen schlechten Magen.

Dame. Mariandl! bringe sie dem Hochwürdigen Herrn ein Pfund Chocolad.

Mend. Ich bitte Ew. Excellenz! ich habe es in der That nicht so vermeint.

Dame. Nu Nu! nehmen sie ihn nur geschwind zu sich, sonst machen sie mich böße.

Mend. Weil Ew. Excellenz so befehlen, will ich halt so grob seyn *) ich sage tausend: mal vergelts Gott, da habe ich die längste Zeit daran. Ich habe im verwichenen Jahre von der Gräfin Tr. ein Pfund be: kommen, und habe noch 2 Ziegl davon. Vergelts Gott.

*) Ist ein Tyroler Spruch.

Kirchenkronik

auf das Jahr 1784.

Nº 10.

Den 7. Juny.

Beylager der alten Thetis.

Am 20 May, als am Tage der Himmelfahrt Christi hat sich der durchlauchtigste Doge zu Venedig mit einer gewissen Fräulein von Meer verehelicht: das Beylager hätte nicht prächtiger seyn können. Der Erzherzog Ferdinand, Gouverneur zu Mailand mit seiner durchlauchtigsten Gemahlin, die Herzogin von Parma K. H., der Fürst Esterhazi von Wien, die Fürsten Avellin und Colonna von Rom wohnten dieser Feyerlichkeit in eigner Person bey. Die Gelegenheit zu dieser Mariage war folgende: Pabst Alexander der dritte, als er in Rom von Kaiser Friedrich dem Rothbart belagert wurde, flohe ganz in der Stille im Jahr 1176 nach Venedig, in Gestalt eines armen Geistlichen, und diente allda in dem Kloster der regulirten Chorherren des H. Augustin (santa Maria della carita genannt) als Kapellan; wurde aber bald erkannt, (vermuthlich wird er das seinige darzu beygetragen

haben) und von dem damaligen Doge Sebastian
Zianni in Begleitung des ganzen Senats bewill-
kommet, und, das versteht sich von selbst, mit
einem andächtigen Fußkuß verehrt. Worauf
die Republik eine Gesandtschaft an den Kaiser
abgeschickt, mit Vermelden, daß, wenn er sich
mit dem Pabst nicht aussöhnen wolle, sie seine
Kriegsflotte, die bey Capo d'Istria stand, feind-
lich anfallen werde. Der Kaiser wegen dieser
Anforderung ganz ergrimmt, drohete der Stadt
Venedig den gänzlichen Untergang, so ferne sie
ihm nicht sogleich den Pabst übergeben würde.
Die Republick widersetzte sich herzhaft, schickte
am 7ten May 1177 dreyßig Kriegsschiffe unter
Anführung des bemeldten Doge (dem der Pabst
den H. Segen und ein geweihtes Schwerd gab,
sammt der Erlaubniß, selbes an hohen Festtagen,
wie die Kaiser pflegen, sich vortragen zu lassen)
wider die kaiserliche Flotte aus, welche Otto der
Sohn des Kaisers commandirte: und obschon dieser Prinz den gemeßnen Befehl von dem Vater
hatte, die Venetianer zu Wasser nicht anzugrei-
fen, massen er Willens war, selbe zu Land zu be-
kriegen, wagte er es doch aus jugendlichem Eifer,
wurde aber geschlagen, und mit 47 Schiffen gefangen nach Venedig geführt. Es geschah dies im
Jahre 1177 am 26ten May, an welchem das Fest
der Himmelfahrt Christi einfiel. Wegen dieses
Siegs schenkte der Pabst der venetianischen Republick das adriatische Meer, und gab dem Doge
einen kostbaren Ring sich mit dieser ungestümen

Thetis zu vermählen. Verliehe ihm auch dieses sonderheitliche Privilegium, daß er sich an hohen Festtagen eine weisse Kerze, wie ein marianischer Consultor in der jungen Gesellen Congregation, könne vortragen lassen. Otto erbot sich, das Versöhnungsgeschäfte seines Vaters mit dem Pabst zu übernehmen, und unter dieser Bedingniß, welche er mit einem Eid versichern mußte, wurde er frey gelassen, doch so, daß wenn er das Geschäft nicht erwürke, er wiederum als Gefangener nach Venedig zurückkehren soll. Der Sohn bewog den Vater, daß er am 23ten Juli nach Venedig kam, allda mit dem Pabst sich aussöhnte und die allerheiligste Füsse küßte. Bey dieser Gelegenheit sollen Se. päbstl. Heiligkeit, mit einem Fuß die Achsel des Kaisers tretend diese Worte des Psalms ausgesprochen haben: Super aspidem & basiliscum ambulabis, & conculcabis leonem & draconem. Du wirst auf Schlangen und Basilisken einher gehen, und den Löwen und Drachen zertretten. Ein schönes Compliment für einen Kaiser! — Der Kaiser solle geantwortet haben: er erweise diese Ehre nicht ihm, sondern dem H. Petrus: und Se. Heiligkeit wiedersetzten: Mir und dem Petrus. *) Der Kaiser und der Doge

*) Historie di quattro principali Città del mondo, Gerusaleme, Roma, Napoli, e Venezia, descritte da Michaele Zappullo Napolitano Dottor di Leggi in Vicenza appresso Giorgio Greco 1603 pag. 253. & seq.

begleiteten sodann den demüthigen Statthalter Christi nach Rom, und da sie durch Ravenna reißten, trugen die Ravennaten zwey Mäntel entgegen, einen für den Pabst, den andern für den Kaiser: der Pabst gab Befehle, noch einen für den Doge zu bringen. Zu Rom wurde der Pabst auf das herrlichste, wie ein triumphirender Kriegsheld empfangen. Der Magistrat trug ihm 8 silberne Trompeten, und so viele Standarten entgegen, welche der Pabst dem Doge schenkte, damit er und seine Nachfolger selbe an hohen Festtagen sich könnten vortragen lassen: gab auch der Kirche zu St. Markus einen vollkommenen Ablaß, und wollte, daß der Doge von Venedig zu ewigen Zeiten in der päbstlichen Kapelle eines mit Drap d'oro überzogenen Sessels, und Betstuhls, wie der Kaiser sich bediene, auch an hohen Festtagen unter einem Baldachin einhergehe. In dem großen Rathsaal zu Venedig sind 12 quadri, in welchen diese ganze Geschichte entworfen ist, von dem berühmten Mahler Federico Zuccaro, welcher diese Arbeit im Jahr 1583 angefangen, und im Jahr 1603 geendiget hat. In dem 10ten Blatt liegt die geheiligte Majestät auf der Erde ausgestreckt bey den Füssen des Dieners der Diener Gottes, welcher auf einem Thron sitzt, und mit einem Fuß die Achsel des gedemüthigten Kaisers tritt. O tempora! O mores! *)

*) Wir haben diese Geschichte ausführlich erzählen wollen, weil just die Zeit einfällt, in welcher

sie auf den hohen Schulen in der Kirchengeschichte
vorkömmt. Und weil die Herren Halbgeistlichen
bey heißer Sommerszeit entwederst von der Lection
ausbleiben, oder aus menschlicher Schwachheit ein
paar Nasenvoll schlafen, so können sie wenigstens
diese merkwürdige Geschichte gedruckt lesen. Zudem
sind wir nicht versichert, ob ein Lehrer der Kirchengeschichte, wenn wir den wienerischen und freyburgi-
schen ausnehmen, diese Geschichte so umständlich
weiß.

Noch eine kleine Mariage.

Ein tentscher Chevalier, welcher die Schön-
heiten dieser Stadt, und die Feyerlichkeit der
Ascensa sehen wollte, hielt sich eine Zeitlang in Venedig auf, mit einem Kammerdiener und wunder-
schönen Abbate. Am 20ten dieses bezahlte er zu
Abends den Wirth, bedankte sich für die gute
Bedienung, und reißte in der Frühe ab. Da nun
der Kellner in der Frühe ins Zimmer kam, fand
er im Bette ein frisch gebohrnes Kind, ganz artig eingefätscht, mit angehängtem Zettel, er möchte
doch so gut seyn, dieses liebe Närrchen in das all-
gemeine Waisenhaus zu tragen. Vermuthlich
ware der Abbate eine exjungfräuliche Abbatesse,
und der Kammerdiener eine Hebamme. Diese
Scene gieng recht gut von statten.

Geistlicher Kamm.

Als der Kaiser in Rom war, kam folgendes
Pasquill im Vorschein. Der Kaiser, wie ein Friseur gekleidet, kämmte den Pabst, und anstatt der
Läuße und Nissen fielen Mönche und Nonnen von
dem Kamm herab, welche der vermumte Friseur von

der Erde aufhub und davon trug. Der Pabst schaut sich um, und schmollt ganz artig. So einen Kamm hat sich die aufgeklärte Welt lange gewünscht!

Der König von Neapel fängt auch an, dieses Kammes sich zu bedienen, besonders in Betref der Bettelmönche. Dieses gottgefällige Werk macht in Neapel viele Arbeit. Schon im Jahr 1603 waren allda 35 Nonnenklöster, und 50 Mönchs-klöster, worunter 15 Franziskaner, 13 Domini-kauer, und 22 andere Orden waren, neben 200 Bruderschaften. *) Da braucht es freylich einen ziemlichen Kamm.

*) Historie di quattro principali citta del mondo Gerusaleme, Roma, Napoli, Venezia decritte da Michaele Zappullo Napolitano Doetor di Leggi.

Rosenkranzproceß.

So sehr sich Teutschland um die Aufklärung beeifert, so weit bleibt Welschland noch zurück. Zu Mandell, Boino und anderen Orten des may-ländischen Gebiets werden noch die erbaulichen Charfreytagsumgänge gehalten, bey welchen eine schmerzhafte Mutter herumgetragen wird, die mit einem weisen Chorrock, wie ein Weltpriester, be-kleidet ist und einen langen Rosenkranz um den Halß hat, welcher vermuthlich derjenige seyn wird, an dem sie in ihrem Leben gebetet hat. Zu Pisa ist erst kürzlich ein heftiger Streit zwischen den Dominikanern und Franziskanern wegen zwey Muttergottesbilder entstanden. Die Franzis-kaner haben dem Muttergottesbild, welches in ihrer Kirche ausgesetzt ist, einen Psalter, das ist,

einen Dominikanerrosenkranz in die Hand gege:
ben. Dies konnten die Dominikaner nicht gleichgül:
tig ansehen, sondern ließen den Franzensföhnen
vermelden, daß dieser Zierrath nur der Domi:
nikaner Muttergottes, als Patronin der Ro:
senkranzbruderschaft gebühre: die seraphi•
sche Muttergottes könne sich, als Patronin
der Strickgürtelbruderschaft eines weissen
dreyknöpfigten Strickes bedienen, aber
nicht eines H. Rosenkranzes. Die Sache
kömmt zum Proceß, die Dominikaner haben ihn
gewonnen, und die Franziskaner Muttergottes
mußte gleichwohl den Rosenkranz weglassen. Dieß
wird der Dominikaner Muttergottes gefallen haben!

Das Marionettenspiel zu Breßcia.

Der Bischof zu Breßcia hat auf das schärfeste
verboten, das sogenannte Pantomim oder Mario:
netenspiel in der Fasten aufzuführen, weil der Har•
lequin und Pantalon die Hauptrolle dabey spielen,
welches ja zur H. Fastenzeit nicht geduldet wer:
den kann. Was fiel doch dem Mann ein! Trug
er etwa Bedenken, ob der Harlequin und Panta:
lon ganz von Holz sind? Nein. Was dann? Die
äusserliche Tracht dieser zwey Männlein, (weil
es Masquen sind) war ihm ein Greuel in seinen
Augen — was thaten nun die lieben Breßcianer?
Sie kleideten den Harlequin wie einen Dorfjunker,
und den Pantalon in einer Staatsperucke und
rothen Mantel, wie einen Burgermeister zu Hall,
und mit diesen begnügte sich der Bischof, der liebe,
gute, grundehrliche Mann!

Bischof zu Breßcia, und 50 Schaafsköpfe.

Eben dieser schon zum zweytenmal belobte Bischof wollte dem Statthalter zu Breßcia das Fleisch in der Fasten zu essen nicht erlauben, ob schon dieser ihn höflichst darum ersucht hatte. Was that dieser Statthalter! er ließ 50 Schaafe des Bischofs, welche dieser geitzige Mann auf fremde Weide zu treiben pflegte, pfänden, und dem Bischof sagen, wenn er nicht die Erlaubniß gebe Fleisch zu essen, so werde er ihm die Schaafe nicht mehr zurückstellen. Der Bischof wollte doch nicht, mithin gab der Statthalter die Schaafe dem Fiskus, welcher sich selbige auch zur H. Fasten= zeit so schmecken ließ, als wenn sie der H. Niko= laus eingelegt hätte.

Eine funkelneue Sünde wegen der Luftkugel.

Die Breßcianer wollten am Passionssonntag eine Luftkugel abfliegen lassen: dieß konnte der schon belobte Bischof abermals nicht gleichgültig ansehen, das Volk, sagte er, könnte dadurch von dem Gottesdienst abgehalten werden, man solle es an einem Werktag thun, damit das Volk nur von der Arbeit und nöthigen Unter= halt gehindert werde. Das beste würde vielleicht gewesen seyn, wenn er die Veranstaltung getrof= fen hätte, daß die halbe Luftkugel an einem Sonn= tag, und die andere Halbscheide an einem Werk= tage abgeflogen wäre, damit weder dem Gottes= dienst, noch der so nothwendigen Arbeit zu viel entgehe.

Kirchenkronik

auf das Jahr 1784.

N⁰ 11.

Den 14 Juni.

Pabstwahl zu Rom.

Briefe aus Rom vom 13ten May melden,
daß Se. Heiligkeit an einem Steckkatharre zu
Bette liegen: wir verhoffen nicht, daß diese
Krankheit tödtlich sey; falls sie aber den lieben Mann auflösen sollte, befürchten wir bey
künftiger Pabstwahl jene Schwierigkeiten nicht
mehr, welche sich in vorigen Jahrhunderten
mit Aergernis der ganzen Kirche ereignet haben. Der Pabst war vor Jahren das gröste
Ding in der Welt: alle Großen giengen vor
ihm gebeugt einher: alle Königreiche waren mit
Furcht überschüttert. Die Völker hatten von
der päbstlichen Gewalt so falsche Begriffe,
daß sie glaubten, er könne mit seinen Schlüsseln
den Himmel, wie eine Chatulle nach seinem
Belieben auf und zusperren. Alles lief nach
Rom, um den Pabst zu sehen, zu begucken,
zu belecken ꝛc. Ja die Damen glaubten schon
ihres ewigen Heils versichert zu seyn, wenn

I

sie nur einige Worte mit dem Pabst geredet, oder einen Brief, oder einen gackesenen Ro= senkranz *) von ihm erhalten hatten. Lehrte doch Arsdeckin, freylich wohl ein Jesuit, daß, wenn der Pabst einen Excommunicirten nur anschaue, die ganze Excommunication flugs verschwinde. — Von den Reichthümern des Pabsts wollen wir nur dieses sagen, daß zur Zeit Lucius des II., welcher der neunte Pabst nach Gregor dem VII. war, fast alle König= reiche und Fürstenthümer Europens dem Pabst zinsbar gewesen seyen. Es wird genug seyn, wenn wir einen Jesuiten, nemlich den Gretser **) als Zeugen anführen, er benennet folgende: Rußland, Croatien, Dalmatien, Aragonien, Spanien, Dänemark, Schweden, Norwegen, Frankreich, Portugall, England, Irrland, Schottland, Pohlen, Ungarn, Böhmen, Sardinien, Sachsen, die Stadt Tarracona, das Bißthum Bamberg, die Herzogthümer Apulien, Calabrien, Sicilien, das Fürstenthum

---

*) Eine insbruckische Dame reißte im ver vorigen Jahr von Insbruck nach Brixen, und zwar eilends mit einem Postpferdzug, um nur das Glück zu haben, von dem Pabst, der sich einen Tag in Brixen aufhielt, einen gackesenen Rosenkranz zu überkommen. -

**) Lib. de munificentia Principum in Sedem apo= stolicam. cap. 9 pag. 643. Tom 6. vid. Thoma= sin. de vet. & nova Ecclesiæ disciplina. Part. 3. Lib. 1. cap. 32. annot. 7. ad Gregorium III. & annotat. 17. ad Gregorium VII.

Capua, und das ganze römische Reich. Der Tribut von so vielen Königreichen war ein schönes Stück Geld, und wenn wir die übrigen Zuflüsse, welche der Wucher der Römer ganz arglistig an sich zu raffen wußte, mit rechnen, kommen wir auf eine unüberschauliche Summa. Was Wunder demnach, daß Pabst Johann der XXII. nach seinem Tod 25 Millionen in seiner apostolischen Schatzkammer hinterlassen, nemlich 18 Millionen an baarem Geld, nnd 7 Millionen an andern Kleinigkeiten, z. B. Juwelen, goldenen Geschirren *) ꝛc. Und daß Paulus der V., aus dem Geschlecht der Burghesier seinen lieben Nepoten 7741500 fl. Gott zu lieb geschenkt habe **). Die burghesische Familie in Rom hat noch einen goldenen Servis für 40 Personen (den kein Kaiser oder König hat), welcher ein theures Angedenken dieses lieben gottseligen Pabsts ist. — Bey so einer Beschaffenheit konnte es freylich nicht anderst seyn, als daß bey jeder Pabstwahl Schwierigkeiten entstanden. Jeder Cardinal wollte urplötzlich Sanctissimus dici, & Ditissimus fieri, der Heiligste genennt, und der Reichste werden; dieß machte Schwierigkeit, daß nicht zu sagen ist. — Wir lassen es dahin gestellt

I 2

*) Franciscus Pagius in Brev. gest. Pont. Rom. pag. 85: & Joannes Villanius. Lib. 9. cap. 20.

**) Histoire des Papes. Tom. 5. pag. 170.

seyn, ob es nicht 1000mal besser gewesen wäre, wenn Petrus seine Tochter Petronilla einem ehrlichen wohlvermögenden Burger zur Ehe gegeben hätte, welcher sodann sein Nachfolger geworden wäre, fast wie bey uns manche Burger auf das Handwerk heyrathen, und also Meister werden. Auf diese Art wären alle Schwierigkeiten und Aergernisse unterblieben.

Reforme der albernen Gebetbücher.

Die Gebethbücher (Vergiß mein nicht: Blumengärtlein, Myrrhenpüschlein, Himmelsschlüssel) und andere mehr unter solchen erzdummen Titeln existirende Gebethbücher; nicht minder sämmtliche Novennenbüchlein von verschiedenen Heiligen sind zu Wien durch ein Kayserl. Dekret auf das Schärfeste verbotten worden.

Religionskrieg zwischen den Türken und Mönchen.

Zu Amsterdam wird an einem Kupferstich gearbeitet, welcher den Religionskrieg zwischen Türken und Mönchen lebhaft vorstellt. Es sind zwey förmliche Heere, ein türkisches und ein mönchisches, welche miteinander streiten. In dem Mönchsheer sind alle erdenkliche Gattungen der Mönche, die jemals Gottesboden be-

tretten haben. Ein Kapuziner im linken Flügel schlägt
auf einen Türken mit seinem dreyknotigten Strick, ein
Franciskaner mit wohl sichtbaren Knospen, ein Au=
gustiner mit der Monikagürtel, ein Kamaldulenser
mit einem Choralbuch, ein Trinitarier mit dem
Rosenkranz, ein Minorit mit der Kapuße:
ein Brigittiner mit der Disciplin, ein Car=
melit mit dem Cilicium, ein Dominikaner mit
der Inquisitionsfakel. Ein Paulaner schmeißt sei=
nen Oehlkrug einem Türken ins Gesicht: ein
Carthäuser seinen Todtenkopf: ein Kapuziner
einen Scharmißel voll Läuse. — Ein Servit
schlingt ein schwarzes Skapulier einem Türken
um den Halß, und will ihn damit erdrosseln,
ein Carmelit mit dem braunen, ein Trinitarier
mit drin weisen, ein Cölestiner mit dem
blauen. ꝛc. Die Türken wehren sich meisterlich.
Einer nimmt einen Kapuziner beym Bart, und
beutelt ihn bis zum Zähnklappern: ein anderer
erdrosselt einen Franziskaner mit seinem eige=
nen Strick: der dritte hält einen Dominika=
ner beym Kamm, und schlägt zu, nicht für
die Langeweil: der vierte hat einen Jesuiten
zwischen den Füssen, und schneidt ihm die
Haarwuckeln weg, der sechste schlägt einem Car=
meliten 50 auf den Arsch herab, daß es eine
liebe Lust ist. Die Artillerie eilt dem linken
Flügel zu Hülfe: die Jesuiten, Cajetaner,
Somaschen, Piaristen, Nerlaner feuern Car=
tetschen aus Stücken ab, aus welchen Amu=
lete, Brevier, agnus Dei, Loretokerzlein,

Ignatibohnen, Aloysimehl, Hubertischlüssel, Benedictpfenning, Philipibrod, Lucaszettel, und dergleichen auf den Feind prellen. Die Türken stecken dafür Ragetlen den Mönchen unter die Kutte, da hupfen sie in alle Höhe. Der Pabst ist in der Mitte des Feuers zu Pferd mit der dreyfachen Krone auf dem Kopf, und giebt den Türken den Seegen, für welchen ihm der türkische Generalissimus mit dem Hut einen Ha macht. Nicht weit davon steht der Kaiser mit dem Laudon auf einem Hügel, hält den Bauch, und lacht aus vollem Herzen. Die Mönchszelte sind aus lauter Kutten, Skapulier und Kaputzen zusammengemacht, auch sind die Klosterfrauen da, und laben die blessirten Mönche. Artig ist es zu sehen, wie eine Klosterfrau einem Carmeliten ein Fontanel verbindet. —

Das Kupfer wird in anderthalb Monat in Vorschein kommen. Es wird dem seeligen Johann Caviftran, einem Franziskaner, welcher in eigener Person wider die Ketzer zu Feld gezogen, besonders wohlgefallen.

Brief einer Klosterfrau an die gottselige Gräfin Martiniz von Colen, den 5. Jenner 1763 *).

J. M. J. T.

Ihro Excelence Hochgebohre meine Gnädige Frau Frau
IhroExcelence geruhe abermahl michGnädigst

zu erlauben, daß in allerunterthänigkeit bericht, daß gestern die große Freudt gehabt, das paquet ganz glücklich zu überkomen, sambt den 5 Duca: ten, wovor Nochmahl aller erdenklichst untertha: nigst Dank abstadt, so dan auch vor das H. oel, so aber im harten Frost gelitten, so bin den Ihr Excellenz unendlich von aller verbun: den, und kann die großeFreude meiner ganzen liebe Gemeindt nicht beschreiben wegen das kostbare present vor unser Kirchen, und legen sich alle mit unterthanig erkömlichkeit zu Füssen, mit mir, und erneuren nochmahl die theilhaftmachung aller unsers Gebeth, und verdienstlichen Werken, und zu denen besonderst, so in mein vorigen gemeldten kommen noch hinzu 100 Rosenkränz, 200 lita: neien, aber unsere liebe Mutter subpriorin thut sich ganz in besonderst zu füssen legen, weilen sobald die lapin selbigen zeug ersehen, sich denselben gleich habhaft gemacht, vor ein Kleid vor das Jesus Kindelein, mit bit: Ihr Excelence Ihr gnädigst zu erlauben, das diesen Zetel beylegen darf, wor: auf verzeichnet ist, wie viel gebett sie zur Inten: tion Ihr Excelence verrichten wird, und ich bitt alleruntertänigst uns alle mildest beständig in dero hohen protextion zu erhalten, so dan auch der Madame Dauphine unterthänigst zu füssen zu legen mit Versicherung unseres beständiges gebett vor Hochselben, und darbey also continuiren wer: den, eben als wenn auch noch unsere liebe Josepha Xaveria im leben wäre, **) und wollen das unsere

vereinigen mit dem ihrigen im Himmel, dan ich
der gänzlichen Hoffnung bin, daß sowohl Ihr Excelence als wir an ihr eine große Vorsprecherin
bey Gott werden haben, in diese zuversicht ersterbe
in aller unterthanigkeit und tieffester respect zu
dero füssen.   Ihr Excelence

Colen 5. Jan. 1763.

> unterthanigst gehorsamste
> Dienerin Maria Helena
> Theresa von der Vorsichtigkeit
> Gottes priorin unwürdig.

PS. ich weiß nicht ob mich
werden derffe unterstehen Ihro
Excelence eine Bilgen von
unserer Miraculosbildnus zu
presentiren, so noch von der
Arbeit unserer lieben Josepha ist,
und ob es auf den Postwagen
sollt geben, erwart dero Befehl.

*) Dieser Brief ist von Wort zu Wort, wie er geschrie-
ben, abgedruckt.

*) Dieß wird gewiß eine Schwester, oder anver-
wandte der Gräfin gewesen seyn.

Kirchenkronik

auf das Jahr 1784.

Nº 12.

Den 21 Juni.

Erinnerung an gewisse andächtige Innsbrucker.

Wenn so ein unapostolischer Misthaufen auf den Acker der brixnerischen Kirche, und zwar mit Begnehmigung der geistlichen Obrigkeit gestreuet wird, hält sich Innsbruck und Brixen nicht auf. Wenn aber eine Schrift in Vorschein kömmt, deren Absicht ist, Aufklärung in dieser Gegend zu verbreiten, schwermüthige Herzen in etwas zu ermuntern, die geheiligte Religion von unächten Bruchstücken und mönchischen Unrath zu säubern, und die Erscheinung abscheulicher Nebendinge, die aus Mönchen auswurzeln, künftighin zu verhindern, wenn, sagen wir, so eine Schrift ans Licht kömmt, da giebt es Leute, die den Verfassern alles Unheil aus christlicher Liebe auf den Hals wünschen. — Was sind aber dieß für Leute? — Es sind andächtige Bürger, halbgstrengherren Leute, marianische Scheerndgel, loyolitische Spitzel, seraphische Plumbsäcke, geistliche Rathsperüquen, dumme Mönchsköpfe und dachsfüßige Bettbrüder, die

m

mit Vorurtheilen, altem Quark, und der nieder-
trächtigsten Denkungsart, wie eine Bratwurst
so angestrotzt sind, daß fast nichts von einem
guten Geschmack durchdringen kann. O daß
doch dergleichen Auswurf der Menschheit,
anstatt eine Kritik über unsere Kronik zu
machen, die glockspeisne Männer bey den
Franziskanern klistirten! O daß sie es doch
thäten! — Diese garstigen Leute, diese Scha-
ben der schönen Schriften, das Makulatur-
papier aller Druckfehler, und das lebendige
Pluderschaff der scheußlichsten Denkungsart!
Diese liebe, andächtige, auserwählte, in Gott
Ganz- und Halbgeistliche jammern immerdar
über die Schriften der Gelehrten, und kommen niemal in jenen glückseligen Stand, daß
sie selbst eine Schrift aufsetzen könnten: oder
wenn sie es thun, ist es gewiß eine solche,
die auch der bedürftigste Buchdrucker um das
baare Geld nicht annimmt, weil man die
Buchstaben zu keiner andern Schrift mehr
brauchen kann.

Sie lassen es demnach bey ihrem Jammer
bewenden, und weil sie die aufgeklärte Partie
auf ihre Seite nicht bringen, wenden sie sich
zu dem andächtigen Frauenvolk, zu salopirten
Congregationsdamen, zu ignazianischen Knochen,
zu petrifizirten Exnonnen, und besonders zu den
lieben erbaulichen dritten Ordensschwestern,
für welche die katholische Kirche nicht umsonst
ein andächtiges Gebet zu Gott schickt. Dieses

elende Häuflein nun stimmt mit ihnen ein
Klaglied an, das durch die Wolken dringen,
und ein saphirhelles Blau über die gottlosen
Auktoren ausspannen soll. Allein sie müssen
gar so viel bey Gott nicht gelten, weil sie
nichts erhalten. — Aber lassen wir die lieben
Tiroler gehen, sie werden schon nach und
nach unsre Wochenschrift, wie ihre Nudeln,
Nocken und Plenten angewohnen; und wenn
sie ihnen nicht behagen will, steht es ja in
ihrer Willkühr, selbige zu lesen oder nicht.
Doch wollen wir einige Insbrucker Big .. te
erinnert haben, daß sie unsre wohlgemeinte
Kirchenkronik nicht zum voraus lästern, bevor
sie selbige ganz gelesen, und zwar bedachtsam
gelesen haben. Wir schreiben nichts anderes,
als was öffentlich geschieht, und zum Theil
schon ehevor gedruckt ist; wissen es aber so
gut zu wenden, und in die Kronik einzutheilen,
daß wir unsre Absicht, nemlich die Aufklärung
und Ermunterung des Publikums gewiß er-
reichen werden. Insbruck soll vielmehr unsre
Diskretion bewundern, und mit dankbarem
Gefühl verehren: denn wie leicht wäre es uns,
anstatt der Kirchenkronik einen andern Stoff
zu wählen. Z. B. Insbruckischer Allmanach
auf das Jahr 1784. Schuldenkatalog,
der, wenn er von allen Kaufleuten angeknüpft
würde, bis zum Berg Isel oder Esel, wie
er heißt, hinauf reichen würde. Uebertret-

> — 100 —

tungen und Läfterungen k.k. Verordnungen. Insbruckische Litteratur. Neu
errichtetes Priesterhaus unter der Direction
des Herrn Professors Albertini. Einkünfte
der Exjesuiten. Ausständige Beichten
u. d. gl.

Menschenliebe der geftrumpften Carmeliten.

Die geftrumpften Carmeliten in Wien fangen
endlich an, beffer zu denken, als andere Mönche,
sie haben bey ihrer letzten Synod, oder Syna-
gog, wie man dieß Ding heißt, *) beschloffen,
nicht mehr ihre Kulpa, oder öffentliche Schuld
im Refektorium zu bekennen, weil dieß eine
Sache ift, die fchnurgerade wider der chriftlichen
Liebe ftreitet. Der Obere pflegte bey dieser Gelegenheit seinen lieben Mitbrüdern alle Imperti-
nenzen in das Angeficht zu sagen, wie ehemals
die römische Soldaten ihren triumphirenden Feld-
herrren. Also wissen wir, daß die Soldaten dem
triumphirenden Julius Cäsar zugerufen haben:
mæchum, calvum duximus cæsarem, in
ægypto fuifti apud Cleopatram, viri cufto-
dite uxores. Wir haben einen kalkopfich-
ten unzüchtigen Heerführer begleitet: du
wareft in Egypten bey der Cleopatra: Männer habt acht auf eure Weiber. Die Rö-

*) Diät kann man es unmöglich heißen; denn es
geht gewiß nicht diät her.

mer thaten dieß, um den Stolz ihrer Feldherren zu
hemmen, und sie ihrer Menschlichkeit zu erin-
neren: und fast auf diese Art erinnerte der Obere
die in der geistlichen Fechtschule, in palæstra
spirituali triumphierende Fratres ihrer Fehler,
um sie von der Hoffart und eitlen Ehre, *) die
ihnen wegen so vielen von der Welt, Fleisch,
und Teufel erfochtenen Siegen, wie ein Magenwind heraufstossen könnten, zu bewahren.

Aufgesetzt am 21 May, das ist, am Tage
des Capuziner Heiligen Felix, dem zu Ehren
eine Inspruckische Dame vor drey Jahren ein
kastanienfarbe Livrey gegeben, um dadurch eine
männliche Leibsfrucht zu erhalten, welches doch
nicht erfolgt ist. Sie würde vielleicht besser
gethan haben, wenn sie sich an einen verhey-
ratheten Heiligen, der dies Handwerk besser als
ein Mönch verstehen muß, adreßirt hätte;
Allein die Capuziner haben ihr den heiligen
Felix vorgeschlagen, und bey diesem hatte es
sein Verbleiben.

*) Man kann es kaum glauben, wie sehr die jungen
Mönche an der eiteln Ehre leiden, wenn sie einen
Psalmen, den sie nicht verstehen, hübsch singen, oder
einen halbellenlangen Syllogismus gut reasumiren.

Brief eines Exnovitzen an seinen Freund!

Ohne Zweifel werden Sie vernommen haben,
daß ich die so gefährliche und verdrüßliche
Mönchskutte 9 Ellen weit hinweggeschmissen,
und mit einer weltlichen Kleidung angethan,
ein nützlicher Weltbürger zu werden trachte.

Sechs Monate war ich so ein geistlicher
Schalksnarr, und ohne meine Verdienste ein=
gesperrt. Ich sah mich ehedem gezwungen,
auf Klostergedanken zu verfallen, indem ich
einige Zeit her, als ich die Inferiora absol=
virt, nur die zudringendste und mit einem
öftern Ungestüm gar zu auffallende Worte
meiner Eltern habe anhören müßen. (Werden
Sie nicht böse über selbige; ich nenne es
einen heiligen Eifer, entsprossen aus gewöhn=
lichen Vorurtheilen und pöbelhafter Unwissen=
heit). Der Philosoph widersetzte sich zwar,
aber der noch ungegründete Theolog ließ sich
stürzen, wurde ein Opfer der Liebe gegen die
Eltern, und begab sich unglücklich in die
Ringmauren. Der gute Novitzenmeister, der
sich mit vieler Frömmigkeit und Leutseligkeit
auszeichnet, mahlte mir das Klosterleben als
ein irdisches Paradies ab; allein mir ver=
schwand das Gemählde mit der Sonnen=Mor=
gen=Hauch. — Er zeigte tausenderley Schwie=
rigkeiten der gottlosen Welt, des ehrvergeßnen
Klosters aber wenige: er betäubte uns, so zu
sagen, mit einer verkünstelten Religion, die,
wenn sie nicht schon entfaltet wäre, jede gefühl=
volle Seele junger Zöglinge noch zu einer einge=
bildeten Andacht reitzen könnte. Pedanten werden
ausrufen, dies ist Versuchung des Satans!
und ich sage, daß es Natur sey, die niemals zur
Abgezogenheit gebohren ward, und das Kleid
ihrer Triebe niemals abwerfen wird. Betrachten

wir nur die drey Gelübde (jene Folterbank der ganzen Menschheit!) Hat wohl das erste jemals einen seiner Sklaven glücklich gemacht? Entflamt, bedämpft hat es die Naturtriebe, aber niemals befriedigt. Sie verwundern sich ohne Zweifel, daß auch bey so aufgeklärter Zeit so viele Kloster-kandidaten sich zeigen; aber glauben Sie mir sicher, daß die meisten (ich will einige gleichwohl aus-nehmen) nicht der Hang zur wahren Andacht, sondern die Gewalt der Eltern, Liebe zum Müßig-gang, jugendliche Unüberlegung, Mönchsbe-trügereyen (und meistentheils, weil sie sonst keine Aussicht zur Versorgung haben) antreibe. Wenn von solchen Kerls, womit die Klöster gröstentheils angestrotzt sind, die H. Orden gesäubert würden, möchte man die Mönche wohl mit Fingern zählen, da man sie doch itzt fast in keine Zahl bringt. — Aber meinetwegen mögen die Jünglinge in die Klöster, wie die Thiere in die Arche Noah hin-neinlaufen, ich laufe lieber heraus, und danke meinem Gott, daß ich draußen bin. Der 29te Brachmonat war jener glückliche Tag, an wel-[ch]em uns die freundliche Sonne das erstemal [wi]ederum weltliche Vergnügungen und unschulds-[vol]le Freuden, die der Schöpfer uns in der Natur [aus]theilet, willkommner zulachte. Ich und mein [Jo]nnovitz, der sich Weinhart schreibt, gebürtig [au]s Friedberg in Bayern nächst Augsburg, reis-[te]n über Sulgau, Kloster Habsthal, Pfullen-[do]rf, Ueberlingen und Constanz; es ist zwar eine [kl]eine Reise, doch brachten wir 11 Tage zu, weil

wir voll Vergnügen, wie die Vögel aus dem Käficht,
herumflogen. Wir logirten allzeit im vornehmsten Gast=
hof, und in jedem waren wir sehr gut aufgenommen;
hatten auch das Glück, ein und anderes V—l von ver=
liebten Herzen geistlicher Weise nach Haus zu tragen.
Ich bin nun wirklich zu Haus, und wie wunderbar, daß
sich vernünftige Thiere durch Vernunftschlüsse leiten
lassen! Die Eltern haben mich sehr gut und ohne Vor=
würfe aufgenommen. Vermuthlich werden Sie die Briefe
vom Mönchswesen, und besonders jene aus dem Novi=
ziat, die in 3 Theilen bestehen, gelesen haben.—Ich bin
wirklich an dem, einen kleinen Nachtrag zu diesen Briefen
zu liefern, und er dürfte nicht übel ausfallen. Ich werde
nichts anderes schreiben, als was ich selbst im Noviziat
gesehen, gehört, gerochen und gefühlt habe, werde auch
einige Mönchslästerzungen beschämen, die in und außer
dem Kloster meinen Namen, der doch in der Welt allzeit
ehrlich verblieben, mit erdichteten Niederträchtigkeiten
schwärzen, und von der Zeit an, daß ich das geistliche Kä=
ficht verlassen, mich als einen von Gott verworfenen, zum
ewigen Feuer bestimmten Brand auszischen. Ich wollte
zwar anfangs diesen niedrigen Seelen die Ehre nicht er=
weisen, mich wider sie zu vertheidigen, aber ich werde es
doch thun, weil eben meine Vertheidigung eine Warnung
für andere Jünglinge ist. Unterdessen bleibe ich itzt zu
Haus, und erwarte Zeit und Umstände, die mein Schick=
sal und künftiges Glück entwickeln werden. Mein Schick=
sal steht noch bey den Göttern, die das Schwabenland
beschützen. Ich bitte Sie, nur mit nächstem Brief mich zu
belehren, wie Sie ihr Glück schon so weit gebracht, und
Sie werden an mir einen wahren Freund finden, der ich
immer geharre   J. A Sch*
R. 12 Heumonat.   mit dem baufälligen Klo=
      1783.   sternamen Hermannus.